開始面試 就錄取

作者◎楊惠卿

出版緣起

總編輯　張芳玲

《各行各業》的誕生，是爲了造福求職者，也爲了雇主、管理者。

「找份工作」是出社會者基本的需求，「找份好工作」是應有的渴望，「找份有發展性的好工作」聽起來更積極，但是「找份可以貢獻自己、滿足成就感，並保證自己樂在其中的工作」是更叫人稱羨。很久以前，對俗稱四年級、五年級的上班族來說，二十多歲只要認眞工作幾年，到了三十歲出頭，很多人已經達成前述積極者、令人稱羨者。

但是曾幾何時，我看六年級掙扎著存錢，七年級被笑稱草莓族；大學生畢業去當服務生、櫃臺、行政助理，留學回來的人也沒有得到較好的機會。他們工作數年之後，還在摸索職場生涯的方向。而且五年級仍舊不看好與六年級的共事，總是在心裡緬懷著年輕時，遇見那群三年級、四年級老古板卻有凌雲壯志、願意栽培人才的上司，還有並肩作戰的五年級同學們。

《各行各業》想要貢獻的是：一．履歷薄弱的求職者，可透過閱讀瞭解他所想要踏進的行業，準備好去面試，給人留下好印象。二．不明確方向者，透過這套書，找到適合自己的行業，並照著書中所指導的，踏出嘗試的第一步。三．菜鳥進公司，不會有褓母，沒人有空、有耐心慢慢教你，如何漂亮通過試用期，可以靠這本書指引你。四．當公司錄用經驗不足的新人時，其實常常在冒險，只是主管忙到無法避險，等新人闖禍了，才後悔惱怒。這套書解救雙方，把這行業的倫理、價值核心、文化、忌諱說得一清二楚。五．主管可以直接把書給新人閱讀，節省無數小時的職前訓練，並且讓新人在最短時間進入狀況。六．對有企圖心的積極份子而言，這套書更說明了，晉升的關鍵點與能力的考核，給予你奮勇向前的清楚指標。

若每個人看見工作機會、發揮最大的貢獻、成爲不斷進步的上班族，台灣自然會繁榮發展。敬祝，閱讀激勵你的心靈、提升人生智慧。

作者序

履歷是包裝出來的「商品」，面試當天就要「成交」訂單

楊惠卿

我在學校考試總是敬陪末座，升學考更是屢戰屢敗，但脫離了不人性的入學考試制度後，來到求職門關時，卻是所向無敵；只要我寄了履歷一定會獲得筆試的機會，特別是考常識、知識或創意的發揮題，向來都可以挺關再進。不過，要是筆試時出現的是二氧化碳與幾何代數的聯考課本題，我必定名落孫山。

若有幸進入面試的階段，不論是一對一的應對戰、接力戰、雙煞假唱黑白臉戰、甚至一對三的人海戰，我總是越戰越勇，到最後，從面試官的反應及竊竊私語，我幾乎可以預知，我是他們想要的人；而被錄取之後，我也發現所獲得的工作機會，都是超過我能力所能擔當的。

所以，一進入企業之後，我便需要發揮比面試更臨危不亂的態度，趕快把職

務需求的能力補上；不論是文案撰寫、協調談判、電腦外語……。這一件事證明了，企業找人才，徵選的條件都訂得比實際需要來得高，而只要求職者能沈穩應對、滿分自信，你很難不獲得工作機會；因爲，主考官相信，即使你的能力有所不足，只要有學習的潛力與工作的熱忱，應該就可以彌補些許的不足。

反觀我許多優秀的同學，除了考上公職的人之外，很多實力相當堅強，但履歷撰寫呆板、自傳無趣如家譜者，常常是投五中一，甚至還會在面試後又失利，待業時間總是要比別人長，而一旦找到了工作也就保守經營，不敢任意變動，這樣就別提三年基層主管、五年經理人的生涯規劃。究其主因，正是因爲履歷也是要經過包裝的「商品」，面試不能只是誠懇謙虛而已。

而截至今，我的換職經驗其實不到五次，不過面試機會卻超過數十次，因爲，每到求職季，我也跟著新鮮人去投履歷，一來看看自己是不是還有行情？行情好，可以騎驢找馬；行情差了，要有危機意識去把第三技能或證照給補上來。而眞正讓我上癮的原因是：「我超愛面試的先探戰」，因爲當企業在挑人的同時，你也有挑企業的權利，大家先別矮化自己，而且從進出大小公司的面試經驗、初步的企業文化了解、和中高階老闆交手的機會，你會越來越確認自己想爲什麼樣的公司賣力。

時值失業潮，求職，要開始從你的履歷耍心機，看到自傳，就要讓人覺得你是準錄取者。只要能先得到面試的機會，你的成功機會就比別人高，一定得懂得把「自己」這個品牌打響，先贏得一半機會，讓別人有興趣見你，之後，才能繼續秀出行銷自己的能力，贏得另一半。

1 找工作？先等等！

職場生涯也是生活型態的選擇，
找工作前一定要先了解自己的特質，
並掌握職場趨勢，
才能擺脫「擠破頭進公司後，
又匆忙想換老闆」的惡夢。

你想要的是什麼？

現在學生都知道，還沒畢業就應該累積社團與打工經驗，避免畢業即失業，不過在找工作或換工作之前，我建議大家要做一件，每個求職者都需要做的自我檢視，那就是「認識自己」。

每個人都會有其優勢與缺點，企業所需要的人才也不同。像會計人員就需要頭腦清晰、字又漂亮，最好還有財務調度概念；公關人才除了要長得漂亮、口齒清晰，打扮穿著品味也要在水準之上，因爲大家會把這個職位和公司的門面聯想在一起。而個子高的人，也不要勉強去小人國作接待；矮個子的人，更不要立志考空姐。因爲眞的考上了，一天到晚讓人議論，「這個空姐到底有沒有一六〇？」這才受傷呢！所以，**工作和時尚一樣有流行趨勢，找工作如同穿著打扮一樣，不要盲目去追求流行、自曝其短**。

這幾年，財務金融業紛紛設立「理財專員」的職位，同樣是銷售業務，只是用比較專業及全方位的方式提供理財諮詢。大家有沒有發現，這些理專除了具專業背景之外，「賣相」也都不錯，有些外商銀行甚至打著美女牌而業績卓著。所以，你要是長相安全而想強調「純」專業，客群必定受限，當然就會經營得比別人辛苦。這時，不如轉戰幕後的財務金融或會計稽核，因爲當米少僧也少時，你還可以取得比較好的優勢呢！

餐飲業也是另一個很多人想去圓夢的職業，不論是餐飲本科或想入行當廚師的特別多，其實，廚師這個工作相當辛苦，不是你愛煮、想吃就可以。試想，每天要在密閉悶熱的空間裡，洗切、熬煮、熱燙、搬運重物無一能免，有時熬了幾年，也不見得輪到你去烹調一道，大家看似平常的白酒義大利麵或紅酒燴牛排。

所以，「不要以貌取人」眞的是打高空，有時「勤能補拙」反而會浪費更多時間、阻礙你的生涯規劃；**最適用及省時的生涯規劃應該是，認識自己後，放大自己的長處**。

而求職者除了專注於實力的累積，也別忽略了有正確的態度才能找到對Tone的職位；找到對的位置，換職率就會降低，雖然我個人覺得「面試」的你來我往還蠻有趣的，不過，眞正的樂趣還是得從中獎般的錄取通知，得到最大的成就感。

工作，會占據一個人一生大部分的時間，求職之前一定要先想清楚，「我想要什麼？」包括什麼產業是自己喜歡的？什麼工作是自己想要長期累積專業經驗的？對於想應徵的工作，現階段的學經歷條件是否不足？如何策略性地安排自己的職涯來補足？

曾經有個七年級生，應徵了好幾種業別的公司，包括店員、總機、會計助理，但總是任職了又覺得不適合，然後就辭職。所以，每個工作都做了短短幾天到幾個月，這就是對於產業及職位不夠了解，結果，也沒累積到工作經驗，又回到新鮮人的起點。

其實，每個人都有他認爲職涯最重要的順序性，可能是成就感、可能是清新的形象、可能是名利，也可能是權勢，而不同的價值觀也會影響一個人整體的生涯規劃，因爲生涯並非只有工作，它其實也是生活型態的選擇。

很多人不知道自己的潛能，或不顧自己的興趣盲目追求熱門或高收入工作，把工作當職業及賺錢的工具，這樣對工作的投入度可能會不夠，工作的表現一定不好或不快樂，就變成常常在換工作。

所以，當大家都認清「錢多、事少、離家近」只是夢境中的工作時，就要面對現實，認眞地去選擇打從心裡喜歡的行業與工作。求職者可以用一些方式去確認自己的特質，像是市面上有很多專業的「生涯興趣探索量表」或「人才診斷測評系統」，能夠經由自己的興趣找到適合的職業，生涯大師何倫（Holland）也曾整理出性格特徵及適合的工作，共分爲六大類型（如下表）。

六大類型

個性特質	工作型態	工作類別
順從、坦誠、實際	實際型	工匠、機械員、駕駛員、測量人員
分析、謹慎、理性	研究型	化學家、數學家、人類學家
想像、直覺、創意	藝術型	詩人、作家、導演、設計師
友善、重合作、擅社交	社會型	教師、牧師、護士、社工、輔導教師
冒險、野心、獨斷	企業型	推銷員、採購員、政治家、企業家
謹慎、服從、保守	傳統型	出納、會計、行政人員、圖書館員

而另一個更簡單的方式就是，列出約六十個以上的形容語彙，如：積極、消極、樂觀、悲觀、細心、粗心、熱心、冷漠……，再請至少五位親近好友勾選出正負面各十個語彙，接著統計出最多人選的形容語句是哪些。

這是利用旁觀者清的方式，確認別人眼中的你，當然，有可能別人列出的你，是屬於強詞奪理的名嘴，應該從政或成爲評論家，而你卻認爲自己其實只是理性表達，還蠻喜歡律師、社工類型的工作，這時候你也可以依旁觀者勾選的結果，再兩相比較，列出自己最喜歡做的事及能讓自己快樂的來源，從中確認再確認。

心理學的研究指出，一個人可能什麼都知道，唯一不能夠認識清楚的卻是「自己」，可見唯有充分認識自己，你的潛能才會眞正被開發出來，把自己放在最對的位置。

別和職場趨勢背道而馳

了解自己的性格特質之後，接下來也要知道目前及未來的市場供需曲線，以及要去哪裡找到機會。依照一〇四人力銀行二〇〇八年底所統計出來的結果，在二〇〇九年職場十二大趨勢行業需求中，「業務銷售人員」工作機會仍高於其他類別；其中「保險業」及「顧問業」是逆勢中仍看好的行業，而具黑馬之姿的則為「美容美髮業」。

雖然，目前景氣仍在藍燈號，但從人力顧問中心的研究發現，科技業對於高階人才的需求仍然是最大的，其次又以工程研發、業務貿易、品保資材等類別最搶手；而在管理人才的部分，經營管理、財會金融及行銷廣告的業種也有需求。顯示

12大趨勢行業

1. 業務銷售
2. 金融專業
3. 服務業
4. 保險業
5. 顧問業
6. 美容美髮業
7. 網路資訊
8. 動畫設計
9. 文字出版

10 工程研發

11. 財會稅務
12. 軟體工程

體質良好的傳統產業仍深具企圖心，所以，只要自信滿滿且具獨到遠見，仍然是伯樂尋覓的良才。

趨勢一：派遣工作呈倍數成長

由於派遣工作同樣享有勞健保及新制退休金提撥，求職者對於薪資可接受度較高，因此近年來已成爲新的職場趨勢，求職者要掌握多元就業機會。派遣工作前三名的職缺分別是業務銷售、操作技術、金融專業。

趨勢二：外包案件增多

因爲不景氣，許多企業把工作以外包型式完成，其中以「網路資訊」、「動畫設計」、「文字出版」等行業爲最大宗，主要是這些類型的工作可以在找到信任的品質與水準之後就完成，比較沒有後續或銜接性的問題。不過，兼差的上班族只要提供一定水準以上的品質，就能爭取到下一次的機會，或因而再度被引介，所以，同樣有僧多粥少的競爭性。

趨勢三：大陸工作機會漸減

在大陸崛起後，大家都有心理準備可能要到對岸工作，但是今年開始，對岸的工作需求已由原來一年約二萬多名，下降兩成左右，而比較多的機會也都集中在電腦、消費性電子零組件、批發業及半導體業，需求的職務則以業務銷售、工程研發、生產管理爲主。所以，同樣的道理，就是求職者想要在機會減少時勝出，就要有更高的專業能力、忠誠度、語文能力及國際視野。

除了來自人力銀行屬於「大數」的趨勢資料之外，其實也有一些景氣下滑反而看好的行業，例如房仲、移民、法拍屋。而一路還可以長紅十年的行業如英文、作文、烹飪、烘焙等補教技藝行業。新興行業則有禮儀師、網路規劃、養生食品、纖體減重、寵物美容、婚禮顧問、舒壓、命理、小吃網購、平價豪華美食餐廳等。

興趣用心經營，機會就在轉角處

「學習」是一輩子的事，我認識一些四十幾歲的朋友，在工作滿二十年之後，就提前離開職場，但卻很快地出現在一些自己喜歡的博物館、圖書館當義工，他們的理由是，人還是要和群體接觸，才能活到老，學到老。

因此，在職的人更要時時學習、儲備二、三種技能，才能應付長江後浪推前浪的新浪潮。職場上，常碰到很多人空口談學習，但卻和下定決心要減重的人一樣，從未成功。明明知道自己口才或談判能力還不錯，若取得深度研修證明，就可大幅提升被認可度，但是，很多人害怕進修後會碰到強者而退縮，或預測自己無法持續就一直猶豫、未有動作，讓自己慢慢從A咖變成B咖，失去了競爭力。

而語文能力更是普遍的問題，多數人的說詞都是「等到我講得比較流利再跳槽到外商公司」，殊不知語文能力是日積月累才會聽說讀寫並進，你不開口，不但一輩子開不了口，也等於毀了所有機會，外商公司不會等老人的。

所以，無論是哪一種進修方式，如果能朝著自己的專長或興趣，有計劃地進行、開心投入，一輩子都不必擔心被資遣或是找不到工作。而目前最多人會發展的第二職能，包括語文、理財、設計、電腦、繪圖等技能證照，或是依自己興趣去深研後，能從事教學或創業的命理紫微、中醫針灸、健身瑜伽、時尚舞蹈等。

別抓狂，豬頭老闆到處有

如果你目前仍在職，卻有一顆蠢蠢欲動的心，要考慮清楚：「你眞的需要換工作嗎？」稍有資歷的人，在不認同公司的一些行事作風或和主管、老闆之間有一些不同看法時，就會開始批評公司的長官如何無能或老闆如何的豬頭。

雖然，背後罵老闆是員工的權利與福利，但其實無能主管及豬頭老闆到處都是，而無能與豬頭的長官也都是從基層上來，相信他們也不願被認定是這樣的角色。所以，當員工或部屬的人要能將心比心，換一個角度思考。

好比當經濟不景氣時，投資專家都說，逢低要進場，於是你提議老闆要併購老三成爲老大，或者說服老闆網路商機無限，企業萬不可缺席。很可惜，老闆似乎未有動作，於是，你爲了公司未能即時投入而抱憾氣憤，不想再扶阿斗。

其實，企業就是要營利，老闆一定也看到你提議的商機，只是身爲企業負責人，考量的不只是有足夠的資金周轉或非本業的風險，而另一個角度是，老闆也許已經看到泡沫經濟。所以回到主題就是：**公司是老闆的，不是我們的，不要以爲老闆不聽你的提議就是豬頭，常常想要Fire老闆，那麼，再多的面試技巧也不夠用。**

很多人會因爲和同事的關係不好，或和主管老闆不同調而萌生去意，可是，這些問題在哪一家公司不會發生？所以，在工作機會越來越少的狀況下，大家對於換職這件事情一定要愼重考慮，特別是在大公司裡，一個單位已經聚集了許多小企業的生態，包括同事白目、勾心鬥角、小人當道、財務囉嗦、行政官僚、業務油條…等，但，這些是影響你出頭天的主要因素嗎？上班族一定要知道自己工作的目的是什麼，不要被職場一定會發生的現象與客觀因素所打敗。

換工作無罪，騎驢找馬有理

如果是自己有能力卻苦於無法發揮，可以具體提出前瞻性的計畫，主動要求舞台，沒有一個老闆會讓好馬跑掉，或者和新台幣過不去。如果是不適任現職可以提出轉換部門，要是自己實在不認同這個企業文化，可以開始騎驢找馬，千萬不要因爲情緒性問題負氣換職，立即成爲待業人口，白白損失尾牙抽獎及年終獎金；而且，待職中與待業中的行情，可是大不相同的。

大家最好是還在職的時候，就利用現有職務把自己的工作經營的比老闆要求的還要更好，讓別人感覺你是把工作當作事業在經營，同時也幫自己鋪好潛在路線，例如和協力廠商會議結束後，很快整理出會議紀錄，讓廠商感受你的責任感、組織力和積極度；對於窗口私人情誼上的資訊提供，也不僅是哈拉的社交語彙。

逢年過節可以寄給大家比較有創意的祝福謝函，讓大家感受你的貼心。外出、請假，也要交待好離開的期間及代理人，建立你一直是負責盡職的形象。而對協力廠商要據理力爭、維護公司權益；很多人在職會被挖角，就是因爲和往來廠商共事期間，這樣盡善盡美的工作能力被賞識而跳槽成功。

如果確定離職時，要誠心感謝公司栽培並提供新的聯絡方式，好聚好散及地球是圓的仍然是眞理。如果離職時尚未找到工作，可以對預鋪的心儀企業特別經營，如邀約一個感謝下午茶，或請教同行資訊，請其引介，也許很快又要走馬上任新職務了。

企業在找最好的人？「不」！

多數人在求職時，只要看到自己未完全符合徵人條件，就會先自我淘汰掉，其實在工作機會越來越少的狀況下，求職者可能要調整一下心態，要更勇敢地去爭取可能的機會。例如：徵人欄要求的是「留學碩士」，但你是遊學過九個月的學士，起碼視野與語文能力都有，因爲，不是碩士就有工作能力，所以，不如把自己「勇於前來一較高下」的優勢強調出來，也有可能成爲萬「碩」叢中的黑馬。

另外還有一種是能力的要求，例如要求「英日文，聽說寫流利」，但你的日文卻只有初級，其實，語文能力強不等於工作能力也讚，而初級的日文能力起碼是進行式，只要註明你需要多久的時間準備，就會符合公司的要求，進階合格已成爲現在進行式了。

如果條件要求的是「具一年以上的行銷企劃經驗」，這個時候還是社會新鮮人的你，可以把大學負責「校刊廣告招攬及九一一愛心義賣總監」的經驗也列上去，可見你從學生時代就開始不畏挫折地在接受挑戰，進入企業之後自有其可塑性。

只要你自認爲可以擔任這個工作，很快就可以追上條件中的不足，就別去管應徵條件裡的：「大學畢，企管、大傳科系優先考慮，三年工作經驗，諳英文。」因爲，如果眞的是尋找一個創意的人，最喜歡來踢館的求職者，只要是不甘於一成不變、喜歡挑戰體制、打破格局的人都有立足空間。

而履歷當中如果提及指導恩師是某某名人或多數人景仰的偶像，也會讓人聯想，你必定是頗有慧根，才能獲得名師啓蒙。

無論如何，只要願意再提出可彌補自己不足或爭取具社會地位的人來加持，都是可以贏得被看見的機會。求職者一定要了解一個觀念，「面試時，是在看你有多認眞想要得到這個工作，不是看你學經歷有多優秀」，因爲，**企業要找的是最好用的人，而不是最好的人**。

認清應徵企業，別害怕說「不」

當你前去筆試和面試的次數越多，表示你的錄取機會越高，而在和徵人企業接觸時，應藉此多了解這個企業的文化，考慮自己是否能適應，特別是換職的人，應該要有這個敏銳度作決定，不要勉強就職又離職。

曾經有一個案例是，求職者應徵一家傳播公司，筆試和面試同一天進行，從早上九點考到下三點，卻不提供應徵者外出用餐，社會新鮮人以爲這只是企業故意在考驗新鮮人，所以憋尿呑口水後終於打敗群雄。沒想到到職後，誤餐、加班、二十四小時待命、週末開會都是常態，如果熬不下去的人，可能會很快就離職，於是，在未來企業審核的考量中就多了「容易異動」的罪名。

還有一個案例是某家媒體徵人，同時面試考口條的就有一百多人，主辦單位光是處理會議室及怎麼進行就花了兩個多小時，每一個人上台又花了快四個小時，快到下午茶時間才請大家用餐後再回來，所以，雖然考試可能只要十分鐘，但是習慣公司的工作效率及見識大陣仗，可能是這家公司希望求職者先有的體驗。所以，如果你覺得自己是快手快腳的人，將來就有可能無法適應這樣有些拖拉磨人的企業，就職前也是要慎重考慮，以及如何委婉抱憾的say thank you and thanks。

失業，也是另一種轉機

上班有時就像婚姻關係，找不到的人急欲跳進去，有時不免因欠缺周全考慮而抱怨連連或又要換工作。而找到的人，忙得每天只想早一點下班、週末計劃睡大覺，如果能再放個長假那就更讚了。所以，如果放長假是忙碌上班族最大的期望，暫時還沒找到工作的人，是不是應該要珍惜得來不易的機會，好好休息一下，然後檢視自己過去的忙碌，有沒有等值的所得與技能的提升？或者只是瞎忙。

大家可以看看周圍的人，有人上了一輩子的班，存了不少錢，爲了只是等賺夠了再休息，但那一天永遠不會來，因爲，人從來不覺得自己賺足了錢。所以，你正好有這樣的轉機，而依現在的景氣狀況，平均待業時間已經拉到三十五週，未來可能會拉得更長，不如放慢腳步，不要急，檢視好自己，隨即展開關係網行銷及同步進修計畫，必要的話兼個計時工，你的機會隨時會產生，而且還略占優勢呢！

2

準新鮮人也可成為搶手貨

為了避免踏上「畢業即失業」的不歸路，有些事，一定要趁還在就學階段就打穩地基。

掌握徵才活動，讓自己成熱門股

求職除了要勇敢去叩門外，準新鮮人可以在就學期間就先把握俗稱「徵才季」的公開徵才活動，一般活動會在每年三月至五月開始，企業廠商會直接和學校聯繫，這時可向學校預先報名，掌握仍在學就可以出線的機會。

另外，年度的「校園徵才博覽會」也會在同時間陸續登場，求才廠商會以聯合設攤的方式，向社會新鮮人介紹最新的工作職缺，求職者可以在現場和廠商面對面洽談，包括廠商、職務、產業等相關問題都可以立即得到第一手資料，不必經由傳聞或以訛傳訛的誤解而錯失機會，一旦有意願，即可投遞履歷表，或是與用人主管直接進入面試的階段。

參加這一類活動可以把在現場的諮詢當作是面試的預習賽，但事前要做好功課，瞄準你想了解或心儀的企業，另外服裝儀容及應對也都要略作注意。而早到也是會得到比較多的時間及受人矚目，最重要的是，別忘了多帶幾份履歷，準備好的人總是容易受到關注。目前北、中、南比較具代表性的校園博覽會主辦學校，分別是台大、台科大、逢甲、成大、中山。

沒經驗？先用時薪換正職

社會新鮮人或沒有太多工作經驗的人，一開始總是憂心自己缺乏工作經驗可能會找不到好工作，其實這個根本不是問題，因爲，企業在求才時，本來就會設定某一些職位就是要雇用沒有工作經驗的人。而在這麼不景氣的年代，很多企業都已經用資遣方案或提供優退優離的方式，讓高薪者離職，去更替一些新鮮人進來，以降低人事成本，因此，這個時候沒有工作經驗的人，還比有工作經驗的人機會多得多呢！

而在企業用人也比較保守的年代，以時薪方式代替正職或契約的員工，反而會優先錄用，大家千萬不要放棄這樣的機會，因爲，一旦你表現出色，當正式人員出缺或需要有經驗的正職人員，你就成爲最有機會的升等人員。所以如果沒有經驗，就要盡量秀出你的熱忱與積極度，只要累積經驗，機會也在潛在處。

學非所用正當道

不景氣時，企業裁員減薪比徵才的還要多，所以你想要去應徵的職缺一定會大幅減少。根據一〇四人力銀行的統計，百分之六十九的企業不會要求職者必須是本科系，所以，你不如把求職的尺度再放寬些，試試潛力行業、相關行業或其它自己還算有興趣的業種。

例如：中文系的不一定從事教職，可以去廣告公司撰寫文案；主修餐飲的，可以學習有機米麵食研發加工或回歸田園研究生機；學音樂的，可以先試試媒體助理或宣傳，像周杰倫可是當了幾年無名小咖才被端上台面的。

無論如何，先有一個工作去展現自己的實力，當企業知道你還有另一項專才時，可能還會覺得委屈你了，甚至主動幫忙找一個更能發揮所長的職缺，你就不需要再辛苦地投寄履歷與面試了。

雖然，有百分之六十九的企業並不會指定求職者必須是相關科系，但是卻有百分之四十七的企業，要求不同程度的英文能力。所以，要求（換）職前，一定要知道自己出線的機率，如果機率低，就要開始進修或補上不足，讓自己成為準備中的人，或是準備好的最佳「求職」心態，這樣找（換）工作的機率才會高。

要換到好工作，首先要弄清楚，你是斷斷續續工作三年？還是累積三年的實力。如果是前者，你應該還是在找方向的新鮮人，而如果任職的時間又都在半年以下，可千萬別寫出來，否則，每個企業都會把你列為異動性高的人，那就更難找到工作了。

人力銀行發現，求職者中有些人根本搞不清楚自己應該做什麼工作，或者搞不清楚自己要去應徵工作的性質，所以就會發生找不到工作或變成誤闖叢林後又要匆匆逃離的狀況。而有工作經驗的人，除了要應用自我推銷、毛遂自薦等各種管道之外，最重要的是要確認，你是真的累積了足夠的經驗要到新的公司貢獻嗎？你的附加價值是否具獨特性足以打敗競爭者？如果是，這樣才有機會換到對的工作。

畢業前一定要做的事

越來越多大學生會在大四時邀約一些企管專才到學校講授「就職應作的準備」，而以往的需求大都是非常實用的面試技巧、口才溝通、行銷自己等主題，近幾年校園的需求主題已經細微到社交禮儀、餐桌禮儀到品酒時尚等實務的軟性演講技能專題。

大家開始關注進入職場後要如何和企業接軌？要怎麼樣讓自己不會太菜？很快被看見？要如何選擇具有前瞻性的公司？

而從演講後的提問，也可以感受到大家開始關注和大陸學生之間的競爭力問題，不過，比較大的矛盾是，大家都耳聞大陸學生求知欲非常強，但可能因爲沒有看到他們積極的行爲，不知道別人強到什麼程度？因此，對於應該建立的心理建設就僅止於關心，而缺乏更積極的行動力，以繼續保持領先。

必做一：了解競爭者實力

其實，說起來會有些令人害怕。大陸學生爲了掌握求知的機會，會在外來講者演說時一直打斷演說，就爲了立即解答疑問，如果講師的回答比較保守或持觀望態度時，學生會立即質疑老師的專業，或認爲老師根本不知道答案。而兩個小時的演講結束後，他們可以再圍著問兩個小時的問題，如果沒有強勢的人來解圍，他們希望可以到老師下榻的飯店「徹夜長挖」。

另一個令我們自嘆不如的是語文學習。台灣「補」習教育至少比大陸早二十年，一般學生就算沒上過補習班，一定也參加過學校的課後輔導，菁英階級更會在寒暑假，把小孩送出國遊學；雖然如此，最後能驗收到外文呱呱叫的，都還是留過學回來的。

而大陸的狀況則是，一個來自極內陸的大學生，一輩子沒出過

大陸學生會運用週遭所有的資源及全力苦讀，好抓住跳脫藍領階級的唯一機會。

家鄉，但是每天聽收音機、看CNN，到學校抓著老師猛問猛講，不斷參加各種聚會、考試、比賽，每天十八小時的苦讀，結果，一開口會讓你以爲是ABC。這樣的拼命，是因爲他們知道自己沒有錢可以上補習班，更沒有機會出國遊留學，所以，運用週遭所有的資源及全力苦讀，好抓住跳脫藍領階級的唯一機會。

茁壯的台灣小樹並沒有不認眞努力，只是因爲有爸媽財力的支持及保護，對於自己實力領先程度，明顯少了些未雨綢繆。建議有爲青年，要把自己的目標放在全球的角度，試想，如果你找到的第一個工作就是要外派到上海，你知道應該具備的工作常識及態度嗎？或者，你所找到的工作言明每三年就要輪派世界各地，你是否有足夠時間讓語言能力及國際觀都像是外派人員？

必做二：爭取實習機會

全球半導體巨人前英特爾執行長Andy Glove是一位非半導體技術背景的掌門人，

不過，他能夠領軍英特爾進入全球化的優勢，是他對產業發展的掌握能力；即使產業別不同，但同樣有技術及策略的深層了解，還是能抓到重點，所以，他除了很快地發展全球業務，也被評爲二十五年來最出色的領導人。

另外，台灣首富郭台銘在學校也不是一個成績出色的學生，而是摸索創業，從失敗中找商機。多數的成功企業家在回憶錄或自傳當中都會強調，他們年輕時是如何地叛逆或迷失。所以我們可以知道，成績好，眞的不是求才的第一優先順序，**特別是現在的企業還蠻喜歡新鮮人有打工的經驗，可見實務經驗是蠻重要的**。

除了打工之外，如果你在校有爭取到企業的實習機會，就是蠻重要的參考經歷；這樣的機會，工作時間通常會比較長，所提供的企業也都相當有規模，即使不是相關行業也OK，因爲一個暑假實習下來，所得到的評價如果不錯，等於你已受過職前訓練，也知道職場的應對進退及求生術，一定是個前輩中「很好用」的員工。

必做三：投入面試、筆試考場

此外可以在畢業前就先去參加面試，因爲在求職的過程，不論是準備履歷、和主考官的應對、被接待、參加筆試都是一種成長；同時，也感受一下成爲上班族時，有哪些態度是要調整的？像和人應對中的哼、哈、喔、最好是…等同儕用語，最好都別再出現。

一般企業如果只是在招考儲備人才，並不會要求一定要畢業生，更何況你如果是在校生，那麼，懂得未雨綢繆也是一件好事，而先去參加考試還有另一個優勢：如果企業是很重視扎實的理論基礎，還在校的人就很吃香，若考題有很多知識性、申論或創意題時，準新鮮人也可以先警覺，這樣的企業不要你只是名列前茅的書呆子。

求職者可以在平時就培養有計畫及深廣度兼具的閱讀，一旦要挑戰心儀的企業一定要言之有物，才不致失之交臂。

在這個許多人都是被網路養大的世代，最大問題就是：很多沒有常識也該從看電視知道的，有人就是不知道；另外網路新聞的瀏覽式閱讀，也造成多數人普遍對於新聞時事的認知深度不足，更別說論述的能力。所以，如果求職者能在考場上再度確認這樣的問題與弱點，就可以在平時培養有計畫及深廣度兼具的閱讀，一旦要挑戰心儀的企業，一定要言之有物，才不致失之交臂。

大部分公司求才的方式，是經由人力公司配對之後交到人力資源部門，人資會先準備筆試的試題，而科目與題目會根據不同企業有所不同。比較有規模的企業會以職能性向作爲第一階段的篩選，主要是要了解求職者的工作性格、職業適度、性格向度、適合職務，至於職能內容部分會有語言、非語言能力、理論思考、性格類型，這完全是要找出適合企業類型的人，**求職者千萬別猶豫或作假**。

這樣的測試依規模需要三十分鐘至二個小時左右，如果是一般常識題會包括國文、英文、數理及專業科目。這是針對企業的需求，也不完全和在校準備的考試內容相同，所以求職者其實很難臨時抱佛腳去準備。

我反而建議求職者要以平常心去應考，平日除了自己的專業之外，如管理性的刊物雜誌、專業性報紙都要深度閱讀；比較要注意的是，如果考題裡有發揮題，求職者要以結論下筆再去申述，盡量加入實例或新聞性，這和自傳的撰寫是一樣的，當主考官一天要閱讀數十或數百份的資料時，誰都沒有耐性聽你細說從頭，而是希望以最快速度找到一個理念相同或創意獨特的人。

3

「自我」品牌 vs「朋友」通路

找工作不是寄履歷傻等而已，同步，你應該不停地讓周遭這些最有可能的人幫你背書，把最親近的人當作是通路。

有品牌，才能享有高薪

好的，接下來就分享關於建立「自己」這個品牌的重要性，目的是要提供大家在急於找到工作的同時，也要思考急於找到工作後的你是跌停股？還是漲停板？

我認識一位作家，他第一份工作是在傳播公司擔任執行製作，月薪一萬八千元，一天平均工作十二小時，每週有一天沒辦法回家、有一天得去演唱會攔截藝人，而當時中牌藝人的演唱會酬勞，平均為五萬元，月收入在四十萬左右；而若像現在大家所熟知的雙J（蔡依琳及周杰倫）等級的大牌藝人，每場演唱會的行情大約是一百萬，這還取決於他們要不要接。

工作兩年後，他開始思考這樣同工不同酬的差異性，不過幾經思考後，他認清自己既不會跳鞍馬也不會彈鋼琴，更重要的是，也不想再睡公司的沙發。於是便轉戰屬於文化事業的報紙媒體，專門負責規劃理財課程及安排講師至全省授課，當時屬名嘴等級者，每月月薪約十萬元，但業外收入就有三十萬，而他的月薪還是只有二萬五千元。

他再度思考爲什麼管理名人的他，薪水老是原地踏步？最後他終於抓到重點：無論是雙J或理財老師，都是因爲有其專業價值後再加上媒體的加持，具有市場給予定位的品牌價值，所以，一樣工作三小時，有人得到他一個月的薪水，有人遠超過他一年的薪水。之後，他便開始將專業興趣也變成出版品，去建構自己的品牌，爾後不論演講、寫專欄、寫作教學都是因爲「作者」品牌延伸出去，所產生的價值及機會。

二十一世紀的行銷名言是：「**好的產品沒有好的行銷，不一定會賣得好；爛的產品只要有好的行銷，一定會賣得好。**」同樣地，求職者除了基本學經歷、電腦及行銷兼優之外，還要能列舉一些國際品牌的打工訓練、特殊的社團營隊經驗、學者名人推薦函等，這些都是攸關勝出的關鍵。

更重要的是，從你的履歷表中，主考官也認定你是有品牌價值的求職者，屆時，小廟可能不敢容你，而大廟可也不敢只付寒酸的新人起薪價。

快、狠、準的毛遂自薦

一**個待職者最不能做的事就是：「待在家裡」**。Timberland（天勃嵐）總經理吳美君早已經是在總經理階層的專業經理人，可是，當她要轉換跑道的時候，她連等獵人頭公司來挖角都覺得太慢了。

她說：「找工作就是要主動出擊，因爲只有你自己最了解自己的長處，只有你知道自己工作的『熱情引爆點』；而且只要是衷心喜歡的工作，在面試的時候不需要武裝，就一定能表現出最眞誠的一面，也能讓對方看到自己的熱情與優點！」

所以，她從奧美毛遂自薦到Mattel，後來又做到Yahoo! Kimo的業務副總裁，都是這樣得到工作的，其中肯德基行銷總監的工作還是她不甘寂寞飛到香港找朋友聊天聊來的；且最後還成爲有五千多名員工的台灣區總經理。

她強調：**「不管別人有沒有把你當回事，但你要把自己當回事！」**另外，對於你心儀的企業也可以先上網去看他們的需求，像多數人以爲全國第一大入口網站Yahoo!Kimo應該人才濟濟，或者一公布徵人需求就會擠破頭，但其實Yahoo!Kimo現在還歡迎優秀研發人才一起共創Yahoo!Kimo的永續經營呢！所以，如果你還在不好意思去扣門推銷自己，你的機會又比別人少了五分之一。

經營關係網，讓朋友爲你背書

很多人在求職時，總以爲把履歷表寄出去就沒事，接下來就是「等」著要去上班，其實，如果你是實力堅強或適逢景氣榮景時，這樣的心態也許OK，但是，在屬於失業潮的非常時期，每個人的待業期間都比以往平均待業期一年要來得長，求職者千萬不要倚靠單一方式就想獲得工作機會，特別是現在E化之後，新鮮人有很多管道隨時秀自己，卻又不會太炫耀，包括網站、部落格、Face Book…等。

我有一個朋友在全職工作時就開始從事旅遊文化寫作，目的是希望離開職場後有一個成熟的專業興趣，可以繼續第二職涯，不過，終究是全職的上班族，也沒有時間維護部落格或再積極進取去擴大工作機會，但爲了要讓大家知道他在這個領域上的專業，每個月都會固定把他的專欄寄給群組的朋友，寄了三個月之後，每個月都得到不同的寫作、教學、演講、出書機會，最後工作的邀約都已超過他所能負荷的，也終於可以離開職場，成爲一個專業作家。

所以，如果你自認很有料的話，一定要把你的專長堅持下去，無論是畫畫、行銷見解、獨到教學法、理財新知等，不斷去分享群組的好朋友，讓大家知道即使是待業中的你仍然活力十足，隨時在參與動態活動或學習新的技能。慢慢地，等到你的能力或堅持被欣賞了，和你相同磁場的人就會開始注意到你或引介給他們認爲適合的人，你的工作機會是一乘五、五又乘以五。

非常時期找工作不是寄履歷傻等而已，同步，你應該不停地讓周遭這些最有可能的人幫你背書，把最親近的人當作是通路。

人生處處逢貴人

可能是因爲「貴」這個字的關係，大家都把貴人想成遙不可及的權貴之士，其實，你如果不是含著金湯匙出生，要和上流人士攀親附戚也是要花些時間。這個時候，除了要把你的親朋好友及每個新認識的人都升級外，也不要忽略了你身邊的「小人」。

這裡的小人有兩個意義，一種是「會對你提出質疑的人」，像上述案例的作家在寫專欄或授課時，朋友會對其文章或講義內容提出問題，而無論對錯，他一定回覆或致歉並致贈作品給對方，而化敵爲友的演講邀約就在一年、兩年後又回來了。

而另一個小人的意義是指「年輕的學子」。當他在大學或高中授課時，總是鼓勵學生現在就要建立自己的關係網，在中學教寫作時，也歡迎學生再寄文章給他批改，並會固定轉寄專欄給他們，結果，主動提供e-mail及寫信來的學生都增加了，而學生也因爲固定會收到其動態，也再度邀請他回校園繼續向學弟妹演說，於是回到學校去講授其它主題已變成學校固定的行事曆，所以千萬別忽視孺子可教，以及年輕一輩所串連起來的力量。

4

三十秒就要被看見的職場護照

現代人是很講究效率的，
如果你的履歷表不能在第一眼被看上，
那就註定淹沒在人力大海裡。

提高面試機率，履歷表上要心機

很多人常以爲自己是全班或全校的Top，應該很快就會被電腦撈出來，結果掛在人力網的時間比同儕後段班的同學更久，究竟要如何爭取在面試出線的機率呢？

首先，求職者要知道除了列出是本科系及工作經驗基本條件之外，現在，多數的企業還會希望聘雇的員工最好還要有一些屬於這個世代的基本技能。

舉例而言，不論你唸什麼科系，電腦和行銷技能是在每一個行業都有加分的效果，特別是接受過銷售訓練，又有行銷概念，表示你個人除了耐勞耐操之外，反應力及市場需求新知也應該很敏銳。其它的，就是根據不同企業的特性有不同的要求，如外語佳、熟會計、懂財務、諳繪圖等專長。

> 就算有優秀的學經歷背景，也不是想降任從事較低階事務性的工作就可以如願。

所以，如果企業的條件是曾經在星巴克打工、在校辦過校刊、曾參加辯論比賽、曾在上海任職等工作經驗，而你學經歷皆優，但是必要條件裡就缺少在校沒編過校刊，可能就不會被電腦撈取。

曾有一則新聞是六百人搶一名行政助理職缺，而審查結果只有四十封是接近或符合條件，在被剔除的名單中不乏碩博士或各行條件優秀的人才，可見就算有優秀的學經歷背景，也不是你想降任從事較低階事務性的工作就可以如願，求職者一定要有心機去調整履歷條件才能提高被通知筆、面試的機率。

一般企業在篩選出履歷符合條件的人後，人資部門會交由部門主管面試。因為不是最優秀的人就符合部門主管的需要，每個主管有不同的考量角度，例如現在比較需要一位有專業技術基礎又懂行銷的工作夥伴，履歷中以第一名畢業，有三張證照，但缺乏行銷經驗的人，可能就不會被錄取。

或者主要的應徵條件中有「某種新的電腦技能」，於是，甫從學校畢業的新鮮人，反而還比較有機會出線。所以，**暫時找不到工作不是你的問題，多一點耐性，最後**

找到的反而是雙方最能契合的公司。

重點是，**求職者每一次都要針對不同企業的需求調整履歷，才能提高被選取的機率，千萬不要「一表用到底」，否則就可能一直在等候通知的行列。**

而應徵的工作類型是比較靜態的文職工作，如會計、祕書、工程師、稅務人員或行政工作，履歷除了要中規中矩之外，必要的話最好再附上你的手寫稿，可以讓主考官衡量你的個性或細心度。

但如應徵的是比較動態應變性的工作，如業務開發、行銷企劃、設計人員，無論是在履歷的型式或內容表現的方式，都要有自己的風格，因為從履歷表就可以看出這個人的創意及企圖心，再從敘述的內容就可以了解這個人有沒有一些顛覆及不妥協性。

社團活動及打工經歷要相關

現在企業在求才時，非常喜歡求職者要有社團活動或是打工的經驗，同樣地，求職者所提供的履歷經驗也是要根據所應徵公司的類別有所調整。

應徵服務業，一定要舉出一些在校籌劃的活動或展覽經驗，表示對於這種臨時編組的工作機動性強、抗壓性又高。

如果要應徵金融業，可以舉出一些負責學校財務、總務、校對或協助報稅的經驗，表示你細心的長才已經被發掘與借重。至於打工的經驗也是一樣，應徵文職者可以盡量寫出在書店、學校、補習班工作的相關經驗，表示你十分熟悉教育與補教領域工作。

如果是比較動態或業務型的工作性質，可以寫一些直接面對客戶的銷售或客服經驗，或是門市接待等可推測出臨場反應靈敏的工作，這時候麥當勞、星巴克等國際集團訓練有素的工作經驗就很受用，至於資料的列寫只要擇重點就好了，最多不要超過三至五個項目，而如果能具體寫出工作項目，並舉例因而學到了什麼技能或啓發你未來的生涯規劃，將更具感染力。

> 企業在求才時，非常喜歡求職者有社團活動或是打工的經驗。

另外英文履歷也成為求職必備範本，求職者千萬不要採取投機心態或多此一問，因爲即使所應徵的公司眞的不會用到外文，你愼重地準備還是略勝一籌，倒是有關於履歷自傳的撰寫方式，可以依照你所求職的類型略作調整。

精簡有重點，照片可別搞神祕

目前百分之九十的求職者都是以網路投寄求職信，網路上的履歷表表現空間較小，不過如果它的表格是可以修改的，你可以就自己的長處多作發揮，如證照的種類或得獎紀錄多作著墨，能夠註明年份或主管都盡量書寫。

學歷部分由最高學歷寫起，大概三個就可以，沒有人有興趣知道你是唸那一個國小的。經歷也是由最近及重要的經驗或頭銜先列，在審核的階段才會比較容易出線。有必要加上附件的，挑選一、兩篇重要的作品就好，千萬不要一股腦地全傳過去，這樣，除了讓人知道你不知取捨外，又把承辦人的電腦塞爆，你可能在初選就被淘汰了。

履歷表裡不管有沒有要求照片，一律要主動提供，照片的形象也要和你所應徵的工作職務相符合，例如工程師附大頭照，OK；理專穿套裝，OK，但是要面帶微笑，表現出親和力的彩色照；廣告人則可以用稍微俏皮的生活照。

不過，不論哪一種照片，最基本的就是要清楚，千萬不要搞神祕，用了朦朦朧朧的沙龍照，還是遮半臉、露一眼的，這樣可能會讓人覺得你長相有什麼缺陷，反而不敢通知你來面試。

雖然，主考官是負責選才、不是選美，但是應徵者起碼要看得順眼及對味，所以，千萬不要搞怪。

> 履歷表一律要主動提供照片，且照片的形象要和應徵的工作職務相符合。

彩色或黑白？電子檔或紙本？別一視同仁

現在大約還有百分之十的產業還是以報紙或其它傳統刊稿方式徵才，可推測得，這類公司有可能因為規模不大，所以徵才也不用百中選一；另一方面，則是因為傳統產業的關係，所需要的人並不用到很多全才技能的人，所以，如果到這一類公司應徵，還是要帶著列印出來的履歷與自傳。

至於履歷表要彩色還是黑白？除非你是要應徵美學等設計工作，否則用雙色來表現就可以了，因為彩色會讓人猜測，列出這份之前你不曉得已浪費多少小樹，而黑白又顯得小家子氣，雙色既美觀也不顯寒酸，而標色的部分就用在重要的主標，這樣就是一份整潔有力的自傳。

興趣與嗜好也可以加分

有一個眞實的笑話是，學生時代老師出的作文題目是「我的興趣」，很多學生都會寫「睡覺」，這個答案常讓老師們啼笑皆非，因為，學生們顯然搞不清楚睡覺既不是興趣，也不能是嗜好。

不過，來到了求職路上，你不但要弄清楚，還要想辦法讓他們可以因爲你的興趣或嗜好爲你加分。例如，你的興趣是騎單車，甚至強調曾經挑戰單車環島或者高空彈跳的次數紀錄，可以推測你的膽識一定不錯，將來是個可以接受挑戰的人，當然也可以栽培成爲幹部。

而如果你的嗜好是蒐集Holly Kitty等卡通漫畫人物，除了表示你很有好奇心及童心之外，也是很有持續力的人。**歐美等外商公司是很注重一個人在工作之外，是不是也有培養一些休閒或品味的活動，否則你只是一個視野狹窄，生活無趣的人罷了。**

本土外商，重點不同

剛才已經有提到，應徵的業別不同，履歷也要跟著調整，而如果應徵的企業國籍不同，更是要大幅調整。

例如：本土企業希望你刻苦耐勞又多才多藝，但也希望你要謙虛為懷。歐美企業希望你不要吝於表現長處，最好還喜歡觀察環境、找問題、擅長表達、給建議、為自己爭取舞台及主動追蹤專案進度，謙虛反而不是美德。所以，即使你所撰寫的資料稍為高出自己的能力都沒有關係，因為，你必須要在最短的時間內把自己表現出來，讓審核者覺得你的膽識不錯，才有再進階面試或出線的機會。

而日商公司則希望求職者要詳實地寫清楚個人的檔案。曾經有一個求職者把自己求學、進修、比賽等各種階段的日期都記錄得非常清楚，結果主考官只花了二十分鐘驗證了一些履歷上都已經寫得非常清楚的問題就結束了；十五分鐘後，求職者就接到人力銀行的錄取通知。

這是因爲日商對於求職者是否誠實撰寫資料及表裡是否合一非常地重視，所以，基本資料一定要針對國籍或行業有所不同，才不會失去許多機會。

標準版履歷

履歷表

申請職位：業務行銷

個人資料

姓　　名：Fang, Yi Lin　方依琳
地　　址：台北市復興北路6666號
電　　話：02-77778888
出生日期：25-06-1986

工作經驗

2007年7月至2009年6月　　業務助理(麗京飯店暑期黃金假期案實習)

教育背景

2004～2008　　政x大學企業管理系

主要專業科目畢業成績

2004	管理學	A	經濟學	B
	微積分	A-	財務管理	A
	會計學	B	人力資源管理	A
	統計學	B		

課外活動

2002～2004　　英文研習俱樂班主席

技能

打字：每分鐘50字
文書處理：Word、Office、Excel、Powerpoint、Photoshop
能操語言：英語、國語、台語流利
可上班日期：20-08-2009

推薦人

麗京飯店行銷部 經理　范晴晴
地址：台北市松壽路2222號　　電話：02-88888888

積極版履歷

履 歷 表

申請職位：業務行銷

個人資料

姓　　名：Fang, Yi Lin　方依琳

地　　址：台北市復興北路6666號

電　　話：M: 0916-333-999 (H)02-77778888

出生日期：Jun 25 1986

工作經驗

2002～2004　麥當勞、Starbucks、誠品書店工讀生

2007年7月至2009年6月　業務助理 (麗京飯店暑期黃金假期案實習)

教育背景

2004～2008　政x大學企業管理系

主要專業科目畢業成績

2004	管理學	A	會計學	B	經濟學	B	人力資源管理	A
	微積分	A-	統計學	B	財務管理	A		

課外活動

2002～2004 英文研習俱樂班主席

2003　參加校際辯論比賽擔任結辯並獲得團體第三名

2003　參加大專院校魔鬼訓練營 團體競賽第二名

2004　曾經至西雅圖遊學兩個月並選修企管

個人擅長

對中文具有高度興趣，曾多次在校內外刊物投稿（附上近期作品兩篇）

長期閱讀英文刊物，英文聽說讀寫流利（附英檢成績單）

座右銘：學習是一輩子的享受

技能

打字：每分鐘50字

文書處理：Word、Office、Excel、Powerpoint、Photoshop

能操語言：英語、國語、台語流利

可上班日期 ：20-08-2009

推薦人

麗京飯店行銷部 經理　范晴晴

地址：台北市松壽路2222號　電話：02-88888888

標準版英文履歷表

RESUME

OBJECTIVE: Obtain a career-oriented position as sales representative

PERSONAL PARTICULARS

Name: Fang, Yi-Lin 方依琳

Address: No 6666, Fu-Hsin N Road, Taipei

Tel No: 02-77778888

Date of Birth: Jun 25 1986

JOB EXPERIENCE

Jul 2007-Aug 2009 Sales Assistant, Li-Ching Hotel

EDUCATION

2004-2008 Business Administration, National xxxx University

EDUCATIONAL QUALIFICATIONS

Date	Subject	Grade	Subject	Grade
2004	Economics	B	Financial Management	A
	Calculus	A-	Human Resource Management	A+
	Accounting	B	Business Management	A
	Statistics	B		

EXTRA-CURRICULAR ACTIVITIES

2002-2004 Chairman, English Learning Club

SKILLS

Typing: 50 wpm

Computer Skills: Word, Microsoft Office, Excel, Powerpoint, Photoshop

Language: Fluent English, Chinese and Mandarin

REFERENCES

Miss Fan, Ching-Ching

Manager, Marketing Department

Li-Ching Hotel

Address: No 2222 Sung-Sou Road, Taipei

Tel: 02-8888 8888

積極版
英文履歷表

RESUME

OBJECTIVE: Obtain a career-oriented position as sales representative

PERSONAL PARTICULARS

Name: Fang, Yi-Lin　方依琳
Address: No 6666, Fu-Hsin N Road, Taipei
Contact no: 02-77778888　　Mobile: 0916-333999
Date of Birth: Jun 25 1986

JOB EXPERIENCE

2002 - 2004	Partimer staff, MacDonald, Starbucks. Elite book store
Jul 2007 - Aug2009	Sales Assistant, Li-Ching Hotel

EDUCATION

2004 - 2008　Business Administration, National xxxx University

EDUCATIONAL QUALIFICATIONS

Date	Subject	Grade	Subject	Grade
2004	Economics	B	Financial Management	A
	Calculus	A-	Human Resource Management	A+
	Accounting	B	Business Management	A
	Statistics	B		

EXTRA-CURRICULAR ACTIVITIES

2002-2004 Chairman, English Learning Club
2003 The third prize of the Interschool debate contest acting as The Second debater
2003 The second prize of team contest in university training camp
2004 Study in Seattle for two months and taken business administration class

Specialty

High interest in Chinese - submitted many pieces of writing for publication outside or inside the school. (Attached two recent compositions)
Fluent English in listening, speaking, reading and writing - have been reading English publications for a long time. (Attached GEPT grade report)

Motto: Learning is an enjoyable thing for a whole life.

SKILLS

Typing: 50 wpm
Computer Skills: Word, Microsoft Office, Excel, Powerpoint, Photoshop
Language: Fluent English, Chinese and Mandarin

REFERENCES

Miss Fan, Ching-Ching
Manager, Marketing Department

Li-Ching Hotel
Address: No 2222 Sung-Sou Road, Taipei
Tel: 02-8888 8888

讓人想一睹本尊的自傳

自傳不是戶口普查，字字要雕琢

自傳除了要讓主考官知道你的背景及所長之外，五百字左右的敘述也要表現對這個工作期許的關鍵性文字。我常常看到很多人在開場時無趣地寫著：「我叫方依玲，生長在一個平凡的家庭，我有一個爸爸和媽媽，我父親任職於……。」看到這裡，有些承辦人就會把你的履歷delete掉，絕對不會讓它到主考官手上，特別是應徵行銷、業務、廣告公關、甚至是轉職的人。

因爲一篇自傳可能只有五百到六百字的表現空間，如果你光是介紹出生地、家族、念過的學校就占去了一半，那你個人的部分還有多少機會表現？這也顯示，你太跟隨制度、不太知道變通，照著求職範本換湯不換藥。

其實，**求職者的履歷表現，有可能就占了百分之三十到五十的印象分數，並且決定了你是否有機會前去面試**；爲了表現你的不俗，你可以採用破題式去引起主考官的注意。

例如：「我沒有高學歷，但有求知欲。我雖不美麗，但有親和力。我雖沒有經歷，但有向上力。」之類的Slogan，或爲自己每個階段下好標，例如大四計畫：「打工經驗，作好磨練」。第一個工作：「小企業磨練，大小通抓」。

甚至是大膽的提醒主考官，你早已專研多年，是獲得這個工作的唯一人選，請主考官不必再費心通知其它的人。這樣一來，主考官就很想看看膽識過人的你，在面試時要提出什麼驚人見解。

優點要具體，字體要人性

而敘述到自己的長處時，除了基本的積極進取、韌性強等形容語彙之外，要具體舉出實例。

如「個人參加過五種營隊，有十五梯次團輔經驗，能掌握運籌帷幄的重點。」「即使客戶接受它公司的提案，我還是會請客戶給我們建言，好作為下一次提案的改善。」或「我目前每天早上上英文課、晚上上日文。」這樣公司可以大概知道你的經驗、專長及學習計畫。也可以直接提出該公司的經營理念，是與你的工作態度契合的；或針對近期該公司在市場活躍的新聞提出看法或建議則更具體。

最後要小心的是，自傳的字數比較多，選用的字體最好是稍有手感的標楷體或美術字。除了要強調的主標去做標色或變黑體，整個文件裡千萬不要有兩種以上的變化，以免表現出你太過天眞或缺乏美感，而字體也不要小裡小氣，顯得你不夠貼心，最好在十二級以上，屬於容易閱讀的範圍。

以下分別有兩種中英文自傳的範本，讀者可依自己求職的類別酌修，屬於文職類就使用標準型，屬於業務行銷設計等創意人才，就使用積極版。

參考範例

標準版自傳

方依玲，家境小康，父親是公務員，母親是高中老師，大哥在攻讀博士學位。父母親從小即非常注重我們的教育和品德，培養我們獨立自主、盡心負責的個性，個人個性溫和容易相處，具耐心、恆心且善於溝通協調，學習能力佳。

個人從小即專注於學業，爲了加強競爭力，自中學開始即參加校內英語俱樂部，高中時也曾經代表班上參加英文演講比賽，大學畢業時並獨自前往美國遊學兩個月，並特選住宿家庭，希望完全融入當地文化。在兩個月隨著住宿家庭採買、拜訪友人及參加音樂會，不僅接觸到不同種族的同學與友人，更學習到西方的待人接物、進退應對的禮儀。

也因此更知自己所不足，誓言一定要繼續精研英文，讓自己視野與能力都能和世界接軌。

標準版自傳

My name is Yi Ling, Fang. I grow up in a harmonious family. My father is a public servant, my mother is a high school teacher and my brother works on Ph.D. From my brother and I were children, my parents have paid attention to our education and morality, training us to be independent and responsible people. My character is not only gentle but also easygoing, and I'm a patient, perseverant person and good at communication, well learning as well.

To improve my competiveness, I started to join English club in my junior high school days and during my senior high school period, I was chosen to represent my class to take part in the English lecture contest. After graduating from university, I went to U.S. to study for two months and lived in a home stay for understanding the local culture. During this time, I always went to shop with my host mother, visited friends and attended concerts to learn western etiquette from classmates and friends who are different races. From this experience, I realize I'm not good enough and decide to study English hard in order to meet the global environment and requirements.

積極版自傳

方依玲，父親是爲**敦實的**公務員，母親是**執著於教育事業的**高中老師，大哥仍在攻讀博士學位。父母親從小即非常注重我們的教育和品德，培養我們要能獨立自主、負責盡職，也因而讓個人從小即具恆心且善於溝通協調，**共擔任過八次班長**。

而除了從小除專注於學業之外，爲了加強競爭力，自中學開始即參加校內英語俱樂部，高中時也曾經代表班上參加英文演講比賽，大學畢業時並獨自前往美國遊學兩個月，並特選住宿家庭，希望完全融入當地文化。在兩個月隨著住宿家庭採買、拜訪友人及參加音樂會，不僅接觸到不同種族的同學與友人，更學習到西方的待人接物、進退應對的禮儀。**也因此更知道如何加強自己的不足，並誓言一定要繼續精研英文，讓自己視野與能力都能和世界接軌**。

除以遊學加強語文能力之外，也特別在當地選修企業管理課程；發現美國的

啓發教育對於個人在創意上的思考非常有幫助，而讓我更勇於發表自己的意見去和他人交流，素聞　貴公司向來相當惜才及給予員工極大的發揮空間，本人除了早以專注於語文之外，長期以來均閱讀外文雜誌俾能及早建立國際觀。對於　貴公司希望員工能在全球輪派的做法，正是個人的人生涯規劃，如蒙錄用，必當竭誠所能貢獻一己之長。請　貴公司慎重考慮。

積極版自傳

My name is Yi Ling, Fang. My father is a **honest** public servant, my mother **contributes to education** and my brother works on Ph.D. From my brother and I were children, my parents have paid attention to our education and morality, training us to be independent and responsible people. My character is not only gentle but also easygoing, and I'm a patient, perseverant person and good at communication, **occupying class leader up to eight times.**

To improve my competiveness, I started to join English club in my junior high school student days and during my senior high school period, I represented my class to take part in English lecture contest. After graduating from university, I went to U.S. to travel study for two months and chose to live in a home stay for understanding the local culture. During overseas time, I always went to shop commodities with my host mother, visited friends and attended concerts to learn western etiquette from difference race classmates and friends. **From this experience, I realize I'm not good enough and decide to go on studying English hard to have ability to catch up on the global pace.**

Except language improvement during abroad, I took business administration course especially, finding that it's very helpful for individual innovation from U.S. invitational education; because of this realization, I got more courage to bring up my opinion to communicate with other people. I have studied English from my early age; in addition, I have been reading foreign magazines to establish basic international vision for a long time to meet your conditions of global shift. Therefore, I'll be grateful to gain the opportunity to contribute my knowledge to your company.

推薦函，求職路上叩門磚

前面已提過，要想成功求職，從履歷自傳就要先進入保證班，這樣才能挺關進入筆試或面試的機會，而履歷除了你自己基本的學經歷資料，如果可以再借助有聲望的師長加持背書，可以再次引起主考官的注意。

比較要小心的是，欲邀約寫推薦函的師長，必須小有交情，差不多要相當於，當你要開口請對方救急時，他們可以不問你緣由就說Yes，如果你還要思考對方不曉得會不會同意，那就太冒險，也表示你平常的人際關係可能不太好。

所以，如同電影《非關男孩》的備胎理論一樣，你的人生是不是有兩個好朋友會陪你哭笑不問理由？你的人生是不是有兩個除了家人之外，會永遠爲你背書的師長？如果沒有，要趕快培養起來，人際關係本來就是在求職路上很重要的叩門磚。而至於邀請別人寫推薦函，原則都是要幫師長先打好稿，所以，你如果對於自己的長處很有自信，就不要太客氣。而師長可能直接簽好名或酌修電子檔再交回給你，比較慎重者就會再親筆撰寫，而如果能取得推薦人的親筆函是最好的。

另外，如果希望師長能舉出具體事件，撰寫出感性與理性兼具的推薦函，最好附上詳盡的履歷與自傳，讓師長們有資料可以參考撰稿，畢竟，你的傑出表現只有你自己記得最清楚，以下提供標準版及積極版的範本供參考。

參考範例

標準版推薦函

茲有方依琳爲本校（政x大學）企業管理科系二〇〇四年畢業生，也是本人行銷課程的學生。該生富有研究精神，常提出問題與同學切磋討論，所提出見解亦屢有新意，爲企管業不可多得之人才。本人十分樂意向　貴企業舉才推薦。此致

大大企管顧問公司

國立政x大學 企管系教授 吳力宏 謹啓

二〇〇九年五月三十一日

積極版
英文推薦函

主考官您好！

本人爲方依琳大學時期教授，該生向來積極進取、多才多藝，特別富想像力及高昂學習興趣，就學期間，每有研究報告課程，時常提出新聞性之行銷案例與觀點分享，如有小組討論也能居中領導與協調，俾讓小組整體表現得以脫穎而出，該生對於語文學習從未間斷，入學之後即主動擔任英文俱樂部主席，實爲行銷公關業之不可多得的人才。

推薦人：國立政x大學企業管理系教授 吳力宏 敬上

西元二〇〇九年五月三十一日

5 面試像相親，主管如戀人

面試如同相親，雙方透過面對面的接觸與相處，瞭解是否適合彼此，而非誰挑誰或誰選誰。

面試規模各不相同

一般來說，面試會依企業的大小有不同的排場、規模與方式，以確認求職者就是企業所尋找的人才。面試如同相親，透過面對面的接觸與相處，彼此瞭解是否適合彼此，而非誰挑誰或誰選誰。當你面試沒有成功，其實不需要否認自己的能力或條件，只是這份工作不適合你，若硬是強求得到，結果就是自己要承受可能的委屈。

企業規模十人左右——老闆欽點

這是典型的中小企業，每個職位應該都只有一、兩位同仁，如業務經理一位、副理一位，會計經理一位、會計一位。這種規模的公司，老闆通常就是面試官，能獲得面試機會者，都是已通過書面審核。

而依常理，安排在越後面來的，希望越濃，有時候老闆和你相見恨晚，還會直接請你即早上班，而如果請你等候通知，那麼再接到的通知也應該是final的決定通知，比較不會有再次筆試或面試的過程。

企業規模三十人左右——筆、面試兩階段

這可是中小企業中的大公司，公司可能分爲四或五個部門，部門權責已經相當清楚，比較愼重的公司應該會先請行政部門安排筆試，筆試結束後，有些當天會有一個初步的面試，通常由部門主管先負責，有些則會依筆試的成績再通知另日來面試。

無論是分兩階段或三階段，最後的候選者或準候選者都會再由企業的負責人面試，如果沒有太大的問題，面談完或當日就會告知可上班的時間，如果還要再等候通知，表示這個公司在用人制度上相當小心。

企業規模百人以上——獵人精選再過三關

這個規模已經是大企業了，公司應該都會有人資部門或委由人力工作網在處理徵人、應徵等專業工作，考試的程序也相當正式。通過書面審核者，筆試的試題就很多元，可能包括性向測驗、智力測驗、電腦技能、語文程度，前兩項還眞的不用太多準備，因爲，企業是要從測試的結果，找到他們認爲最適任的人，求職者千萬不要勉強去迎合，以免屆時還要換工作。如果行業別比較特殊，還會臨場實戰電腦軟體操作或設計，時間內完成的作品正是評核應徵者的實力。

到了面試階段，人力資源部門是重要的把關者，因爲一家有規模的企業除了需要員工有能力之外，和各部門之間的合作及協調能力也相當重要，所以，人資部門會依各部門需求，篩選有能力的人，再從口試當中，了解求職者是否能和企業文化相融合。

待人資部門審核通過後，企業會通知你第二次面試，這時候有可能是部門主管親自擔任主考官，也有可能是部門的第二把交椅或資深同仁，甚至有些公司還會請部屬擔任面試官，因爲大家都是未來要共事的人，當然都要看得順眼。這個階段因爲每個主管有其當時不同的考量角度，不是最優秀就是適合的。

有一些企業用人非常小心，所以，即使人事主管或部門主管都同意，公司的負責人也會親自從最後的小眾或作二選一的決策，而如果應徵者是經由熟識人推薦或挖角，多數也是由總經理直接面試，主要是總經理是公司的最高主管，所考量的層面會比較寬廣及具整體性，所以特別愼重的部分會包括應徵者未來潛力如何？學習的企圖心強嗎？是不是有被栽培的潛能？有機會成爲管理人才嗎？

因此，如果是由企業負責人面試時，一定會問比較關鍵性的問題，包括：如何將危機化爲轉機？求職者的國際觀？能否適應不同國家的文化？能否與不同國籍的人共事等非常入行的問題。

面試也有花式招

群體面試——求職者要懂應變

這一類面試最常出現在需要創意思考、文案撰寫、廣告設計或媒體公關公司，求職者不論在反應或敏感度的要求都會比較高；企業在面試時的安排，就會讓狀況及角色扮演都有出其不意的地方。

例如：明明只有一個主考官在問，但卻有幾個人老是在後面裝神祕或者扮黑臉，不停地突然來一句挑剔你的話，看你會不會分心或是動怒。或者面試官突然要去接電話或處理緊急的事，故意把你單獨留在辦公室或會議室，觀察你是傻坐？上洗手間？還是會看書、不會浪費時間？

而如果過了二十分鐘，你會不會知道要有所應變？或者又故意安排一、兩個像B咖的進來，又重新把剛才的問題重問一次，看你會耐著性子再回答一次，還是會主動說明前主考官已問過相同狀況？這樣的狀況可能不是對錯的問題，而是考驗你應變及處理狀況的能力。

小組討論——求職者要能文能武

大型企業和外商企業很喜歡用小組討論的方式來測驗面試者的領導、溝通和協調能力，這樣的討論會有主持人及討論者的不同立場，或者贊同或反對的角色，所以，如何在團體當中表現得體就非常重要。擔任主持人的要能處理好發言順序、時間控制與整合意見，但卻也不能忘記如何適時把自己的意見表現出來。

而無論贊同或是反對意見者，一定要理性發言及尊重他人的意見，千萬不要過於搶功。其中第一個發表意見的人會最搶眼，但能夠表達得比較圓融、得體，且面面俱到的可能是第二及第三位發言者；最危險的是，不知如何進入狀況或惜字如金的人。所以，這樣的討論型態考驗你在校是不是有參與社團或籌辦活動的經驗？你是不是懂得在團體活動中的應對進退，不是一個冷眼或孤僻的獨行俠。

社交面試——求職者要能見場面

精品公關業或尋找主管級人才時，特別會以喝咖啡或用餐的方式進行。前者會希望求職者表裡都在水準之上，和公司的形象也契合。所以，求職者除了把自己打理的像同行人之外，也不要忽略了餐廳的應對進退與餐桌禮儀。後者通常都是大抵已確定爲企業所需求的良才，只是由將來要共識的主管或負責人再作確認，如關鍵性的工作目標和專業經理人的薪資，都要情投意合。

而眞的惜才的公司，還會負責接送或配合你的時間地點。愼重的跨國公司還會負擔準錄取者的飛機食宿，讓你能移駕至海外見大老闆，可見求職者不應該是劣勢者，有野心想要延攬優秀人才企業也是很多。

社交面試，你不可不知

第一次的面試，多數人會在人力資源公司舉行，不過，如果到了第二階段或關鍵性的選擇時，就不一定中規中矩地在辦公室進行，特別是外商公司，他們除了希望找到有傑出工作能力的人之外，也希望你能有其它的社交，才能為工作加分。有一些較時尚的公司，面試的方式也會如社交聯誼的方式，在咖啡廳或餐廳舉行，特別是企業徵求的是儲備幹部、挖角或獵尋中高階主管。

不是去品酒佐牛排

如果面試的地方是在社交場合，穿著、行為舉止及交談話題都要稍作調整；男性要改穿著質感稍為好一點的襯衫及選配稍為鮮豔些的領帶。女性可以在基本的淡妝之外，再強調一點眼妝及腮紅，裙裝的顏色也可以跳脫原來的藍黑，這樣可以看得出，你懂得區分上班與社交場合的裝扮，應該要不一樣的生活美學。

而在與主考官對話的態度上也可以稍為輕鬆，應徵者可以主動提及主考官所選的咖啡廳氣氛甚好或耳聞該餐廳的擅長，不過，當主考官提問欣賞哪一款單品咖啡時，你可以因爲喝了咖啡會小鹿亂撞而不知道衣索比亞與肯亞ＡＡ的差異性，但是，千萬不能把卡布奇諾當作單品咖啡，或，當主考官問你吃中餐要不要點款清醒的酒品，你卻遙手一指，點了保證會讓人昏昏欲睡的干邑。

不論是新鮮人或轉職的好手，你如果還缺乏這一部分的常識，還不算是扣分題，但千萬不要裝懂，不如反問對方或請對方決定，起碼可以看見你的應變力。

社交禮儀預習課

在西方的基礎教育中，學校會在每個階段教導學生屬於他們年齡應該要知道的社交禮儀，小學教的是餐桌禮儀，中學生教的是交友禮儀，所以，我們會在電影裡看見小學生坐在餐桌上都是有模有樣，在餐廳也很少看到吵鬧的小孩。中學生開始約會，一定是到女孩家去接送。反觀，我們許多人生重要階段都是靠父母、師長口說傳承，於是八九不離十之後，碰到敏感度較差的人，早就離十很遠。

在美國MBA就如同大型職業介紹所，一入門就是教你如何穿西裝、套裝去面試，如何寫履歷去爭取暑假實習的機會，長期訓練下來，每個人到了畢業前都已經被人預約聘雇，根本不用再慌慌張張地去看《面試100分》、《如何應徵找工作》之類的祕笈。

曾經有一個好友，連上法國餐廳的經驗都沒有，在被通知要和主考官同進午餐時，還特別在面試前去餐廳假裝要個名片、看個場地，但臨場時看到那麼多杯盤、餐具都慌了，一入座就撞桌灑水，拿刀取叉又吭吭作響，一看就知道完全沒有社交經驗，這對於應徵行銷業務、公關媒體精品行業都是扣分項。

所以就業前，也有幾堂社交基礎課要上，而學過之後，要習慣成自然，就會自然散發出受過教育或被訓練過的氣質。

入門首重餐桌禮儀

餐桌禮儀正是社交學的第一課，如果，你面試在即，只能臨時抱佛腳的話，有些比較關鍵的注意事項一定要知道；像是事先要熟悉一下餐廳的環境、消費價格與餐點的選擇，千萬不要在社交面試時顯得很陌生，像個鄉巴佬。另外，手機一定要先關掉，如果到了餐廳，主人未到，請在等候區稍候，不要先入座。點用食物，不要選太多湯汁、魚刺、骨頭、麵類等容易出錯的餐點，點用的主食價格不要超過主人所點的，或擇中庸價的餐點，也不要點最便宜的，像是沒見過世面的人。

每個人的食物都到齊才可以用餐，嘴巴有食物不要說話。喝紅（白）酒握杯架，撕麵包、不能咬麵包，用餐全程不宜上洗手間，最後離席一定要謝謝主人精選的餐廳及美味食物。

6 面試考古題

面試時的問題會依照工作類型有所不同，有些根本是基本題，絕對不容語塞與猶豫。

面試前要做的準備

對於即將去面試的公司，事前一定要作一番了解，包括公司的成立年代、生產產品、上市與否、股價行情、全球分支機構、媒體事件、任職名人、得獎紀錄、重大活動、行業特性、產業概況、產業的前景發展、未來計畫⋯等，都是非常必要的。你可以上網瀏覽、參考出版著作，慎重的人甚至會上圖書館查閱該公司曾被研究過的成功經驗主題，或從中發現一些屬於個人看見的盲點或趨勢等見解，屆時一定有助於面試時與主管用相同的語言，而較能引起共鳴。

面試時的問題會依照工作類型有所不同，有些根本是基本題，絕對不允許語塞與猶豫。如：你爲什麼要來應徵這份工作？你對這份工作有什麼期許？大家都說七年級是草莓族，你有什麼看法之類的。

有些主考官則喜歡從你個人的嗜好來推測你的個性，例如：「你最喜歡的顏色？

你最喜歡的一本書及爲什麼?」有些人想要知道你有無遠大志向，所問的問題則會是，「你最喜歡的一本名人傳記或你最崇拜或欣賞的人?」而像是「到目前爲止，你總共去過幾次警察局?」這種看似沒有直接關係的生活題，是要了解求職者的責任感及公德心，如果你不幸有違規還是與人有糾紛，可能只有一次，都會讓你成爲命中要害的淘汰關鍵。

如果是應徵創意設計人才，考題更是千奇百怪，包括:「請畫出世界地圖、請列舉三家特色餐廳、請用兩筆畫出一個正三角型」等。

如果是財團法人或企業機關問得就很實際，例如台電會問，「夏天用電量激增，如何節能省電?」台鐵可能是「業務大受高鐵影響，你有何應對方案?」所以，你大可以去買一本面試前二五〇題題庫，但重點是，要在主考官詢問時，不慌不忙地回答，且要胸有成竹，而不會像是背稿似地缺乏情感。

因此面試前猛K題庫，不如來了解一下，屬於初、中、高級所問的問題及代表的意義，這樣對可以根據每一階段去做妥善的準備。

基礎題

1 你爲什麼要來應徵這份工作？（確認你是要一份工作還是發揮所學。）

回答⬇我大學主修企管，想要先到第一線業務磨練，將來在產品的行銷規劃時也才能掌握消費者的需求。

掌握重點 表現你既能吃苦耐勞，也是有志而來，不是散彈打鳥。

2 你對我們公司有多少了解？（確認你是否有備而來。）

回答⬇我第一次注意到貴公司，是在一九九七年香港回歸的時候，公司當時仍然前去設分公司，並發表了第三代的產品。

掌握重點 強調早已注意到該公司的膽識，又讚美到該公司的遠見。

3 你爲何離開上一份工作？（想知道你的人際關係及穩定性。）

回答⬇我畢業時就立志要先從事兩年最辛苦的業務，並從市場了解end user的消費行爲。

4 你爲什麼要轉行？（確認你轉行的認知。）

掌握重點 表現出對於自己的生涯規劃是有長期的計畫。

回答 經過兩年的工作經驗我更確認設計是我的最愛，所以已經獲得＊＊設計學院結業證書。

掌握重點 發現眞正的興趣，並已爲轉行作了準備。

5 你認爲自己的長處與短處分別是？（了解你是否認識自己又能自評短處。）

回答 我個人比較重視時間管理，所以對於工作上的專注，有時候會讓人以爲不是很合群。

掌握重點 在承認自己的缺點時，其實又再強調自己的優點。

6 請問這一次你的履歷同時投遞哪些公司？（確認你對行業的忠誠度。）

回答 耐吉、愛迪達、天勃嵐。

掌握重點 表明將你的專業貢獻在相關行業，不是只是來試運氣。

中階題

1 你的專長可以對我們公司有什麼幫助？（確認你知道工作的需求。）

回答⬇ 我當研究助理時，教授很喜歡借重我的協調及溝通能力，我想這也是業務行銷人員必須要圓融處理每一件大小事的基本能力。

掌握重點 你的專才要配合公司的需求，而且是事半功倍才是公司的資產。

2 你這輩子最感謝的人及爲什麼？（了解你是一個懂得感恩的人及對恩人的定義。）

回答⬇ 他是我第一個工作的主管，當時我任職的是一家十人的小企業，我從什麼都不會，到可以和媒體聯絡、提供企劃書、撰寫新聞稿、和印刷廠溝通，都是他耐心的教導，所以他也是我履歷上寫的推薦人。

掌握重點 感恩的人仍保持聯絡，不僅是口惠而已。

3 最不喜歡共事的人？（了解你是否是非分明的人。）

回答⬇ 我個人傾向上班時間能高效率工作，所以，可能不太喜歡有人上班時間問我，要不要團購或是訂下午茶。

掌握重點 說明有時忽略一些人際關係是因爲專注於工作。

4 你曾處理過最困難的事是什麼？（了解應徵者危機應變能力。）

回答⬇ 我們的贊助商倒了，二百萬產品無人可以提供，最後先去函給中獎者延後發給，同步再以廣告交換尋得贊助商。

掌握重點 表現出自己臨危不亂的能力，並能找到替代方案。

5 如果我們雇用你，你希望在公司能有怎樣的發展？（想要知道你的企圖心。）

回答⬇ 這是我第三個工作，我是想要來這裡貢獻我在行銷管理的實務經驗及得到一些海外經驗，所以，我希望能參與公司在中國大陸的佈局計畫。

掌握重點 表明你的參與性是有長期的穩定性。

6 在你看來，失敗和成功間有什麼差別？（了解應徵者的想像力和語言表達能力。）

回答⬇ 我覺得成功是，在執行的工作計畫中，自己能審慎地處理及面對要解決的問題，且能全程關心消費者的反應，只要能把自己的工作當作事業照顧，那就是成功。反之，如果來上班是爲了下班，工作是爲了交待，這就是一個失敗的worker。

掌握重點

簡短地指出自己的完全奉獻與投入。

進階題

1

你已擔任基層主管三年的時間，爲何未再更上一層樓？（你是否遭遇工作瓶頸？）

回答⬇我有我的人生規劃，希望每三年爲一個階段，累積了第一線及小組管理經驗後，希望在三十五歲能進入前十大科技業。

掌握重點　說明自己已具扎實實力，是要來一展長才。

2

你曾經負責什麼重要的專案？（了解你獨當一面的程度。）

回答⬇二〇〇二年我們公司引進法國＊＊美術館展，我是負責展品的開發工作，當時和珊珊公司一起合作，共創造了一〇八種item，其中鏡子會秀出＊＊麗微笑的單品就賣了快十萬件，創造了一千多萬的營業額，這個產品目前也在全世界有註冊專利。

掌握重點　表現出你的統御與創意，但又不居功，強調了團隊的合作，重點是賺錢的活動誰都愛聽。

3

你職涯上最大的挫敗？（確認你是能記取失敗，又把失敗化爲成功之母的人。）

回答➡也同樣是這個活動，因爲從來沒有參與大型活動的經驗，一個產品暢銷之後，訂單幾乎是五倍成長，而我因爲下訂單太慢，又沒有備案生產線，除了被消費者抱怨，業務同仁無產品可銷售，七天的空窗期也讓公司減少約百萬的收入，我差點要負債而逃，後來經主管開導「是減少收入，不是賠錢」。後來再找協力廠商加開生產線把減少的收入再賺回來。

掌握重點

表達從失敗經驗學擔當，並有企圖心從失敗的地方再站起來。

4

你最感興趣的職位是什麼？（了解應徵者在生涯規劃上的主要目標。）

回答➡我覺得行銷企劃是一件非常有趣的事，它不需要很大的職位，但是，可表現的空間卻是沒有止境，相信企業一定會給予有能力的人適才適所。

掌握重點

保守的表達不需要很大的職位，可是卻也認爲自己是一個創意無限的人，也認爲有能力不怕沒位置可去。

5 **你是否經常從事旅遊或戶外活動？**（確認你的社交生活與能力也是和工作正相關。）

回答➡個人平日是有氧舞蹈教室的會員，而一年國內旅遊至少六次，國外旅遊至少一次，我上個月剛從峇里島回來，明年準備去泰國學作菜。

掌握重點 表達重視健康及生活情趣，還將旅遊結合學習，有強烈的學習欲。

6 **你是否希望成爲一名領導者？爲什麼？你認爲要如何才能達成？**（了解應徵者的企圖心及人生規劃。）

回答➡人都往高處爬，不過，我認爲不是自己想成爲領導者就能成爲領導者，而是要看到底有沒有能力。所以，我覺得只要訂下目標，有計劃的結合他人力量去完成，就會表現出領導人的能力。

掌握重點 言明，不是爲了位子而努力，而是展現出了能力，就能名副其實。

挑戰題

1 **你大學的會計曾經重修，所以，你不喜歡有關於數字和財務的事？**（挑剔你的弱點。）

回答⬇沒錯，我的數字概念向來不好，但是，我的成本觀念卻很不錯，主要是當一件事關係到付出的辛勞時，我就能敏感地計算出成本，包括時間成本也是一樣。

掌握重點 不掩飾弱點，卻找到克服的方法，又舉出另一件具體時間成本的重要性，充份表現出言之有物。

2 **你曾經兩年內換了四個工作，這些老闆有什麼問題？**（暗指你有不穩定性傾向及誘導你是否會有批評性言論。）

回答⬇其實，不只換了四個，應該是五個，前三個都是速食店及咖啡廳的兼職，主要是爲了多磨練自己，而後面兩個公司都是因爲這幾年不景氣的關係危危欲墜，我也是受害者。

掌握重點 表現出自己在職前作過訓練並尋求同情票。

3 你對最近立委大選有什麼看法？（測試你是否知道應避諱談政治、宗教問題。）

回答 我自己平日比較專注企業管理及電腦新知的新聞，政治的部份只看大標，只有選舉時會確認一下我想投票的人。

掌握重點 強調自己平日專注於專業，並表示不熟悉政黨政治，也避開直接回答問題。

4 你筆試中所提到的企劃構想，在景氣這麼差的狀況下，好像沒辦法開那麼多分店？你可以說明一下？（打擊你，看你如何應對。）

回答 企劃案本來就要朝高標計劃，且這些分店是以平價的第二品牌經營，標榜「平價就可以吃到豪華餐」，我認爲不景氣時要反向操作才能異軍突起。

掌握重點 表現不以失敗當藉口，在一片不看好的狀態中，反而有逆向操作的獨到看法。

5 如果這個計畫由你負責，卻不幸失敗怎麼辦？

回答⬇ 這個案子我已經觀察五年，並從三十個個案中得到高達百分之九十的正面答案，我挑剔不出它會失敗的可能，所以，我只能說只要週全規劃，就在邁向成功之道。

掌握重點 不作直接回答，繼續保持領導人應有的信心指數。

6 其實我們已經有幾個不錯的人選，你還有沒有強而有力的優點，來爭取這份工作？（壓力式的問題，看你會不會亂了章法。）

回答⬇ 我一直知道自己不是最好的人，但卻有自信是最好用的人，特別是我在前三年規劃自己在門市直銷、客戶服務到轉入業務企劃的完整經歷，讓我變成一個可塑性很高及很有潛力的行銷人。

掌握重點 先貶了自己又交待了完整資歷，再以無限潛力作貢獻，會讓人很想要惜才。

陷阱題

不管哪一種考試，最後都是以面試、口試決定最適合的人選，有些公司筆、面試併用，有些公司無論安排應徵人員要過幾關，都是由不同的主考官一直問與談，可見經由面試的交談才能深入了解一個人的適用性，而談得越久，越能測驗出面試者的穩定性。

另外，面試官會利用一些小技巧，測試你會不會出現失誤，例如：「美國總統歐巴馬的執政對台灣有什麼影響？」這既是國際時事又是政治題，難度就很高；因爲，時事不能夠不知道，政治又不適合初次見面討論，所以，你就要想辦法去借媒體的報導或別人的詞來回答，表示你有注意時事，但又不是很個人式的熱衷政治。

還有一種問法，似乎就是要故意扭曲，測試你會不會急欲去爭辯，如：「照你這樣的分析，你個人好像傾向支持共和黨，那你是不是也支持國內的**黨？」這時候千萬不要把Yes或No就說溜嘴，或急於爭辯而失態，還是要運用「不直接回答問題法」。例如：「喔，因為我前天有看到《商業周刊》分析說……，或法國總理沙可吉得拉說……。」避開了敏感問題，還展現你閱讀的廣度及國際觀。

花招題

有些行業爲了不要浪費雙方面試的時間，會先以電話過濾初審符合資格的應徵者，這個時候，你已在無預期下接受電話面試，所以，一定要假設你和對方已在面對面地對談，各種用語與措詞都要嚴守分寸。

據了解，進行這種面試時，主考官總會說：「我們先輕鬆地了解一下」。求職者千萬不要聽到「輕鬆」兩個字，就以爲主考官只是來和你相認是校友還是同鄉，其實，電話面試正是一種過濾的方式，試著在你放鬆之際了解，你是否還能掌握目前正在進行電話面試的重點？而你會不會在五到十分鐘的懈防下，透露一些自己因爲抗壓力不高所以要當秘書這種行政職的工作？或是要供應男朋友學費所以要兼差…等過於掏心剖肺的私事？

這樣，你可能會在電話中獲得主考官貼心的安慰，但應該不會再獲得面試通知。

另外還有一些面試官特別喜歡在面試時出一些臨場題，例如：現在請你到外面的辦公室向我們的同事借一千元；這是某金融業考的應變及誠信題。有些公司還會一直變換場地，告訴你提包可以先不用拿，這時即使是用餐，也一定要把紙、筆隨身攜帶，這是屬於基本動作。

面試必備物品

筆試時文具用品要一應齊全，包括學生證、成績單、畢業證明、履歷表、自傳、地圖、面紙、鉛筆、橡皮擦、紅藍筆、色筆、修正筆、尺、計算紙、計算機、手錶、傘、錢包、還有女生要帶的生理用品及絲襪等，總而言之，要準備越齊全越好，避免在現場跟監考人員借用。

萬用手冊、計算機是祕器

但如果是面試，千萬不能帶太多東西，搞的自己像個LKK或不知道重點的人，不過，你要是帶對了東西，可是大有加分效果。好比萬用記事本、計算機或PDA，因為，有些記事本後頁所提供的資訊非常完整，包括國際電話區域碼、本國區域號碼、城市地圖、飯店餐廳、書店藝文機構、甚至於捷運路線圖都有。如果和主考官面試時，筆記本裡正好有詢問的資料就可以查閱，立即派上用場，讓主考官感受到，你是一個相當了解工欲善其事，必先利「有器」的人。

還有，具備計算機功能的手機也不錯。一旦和主考官討論到某一個數字問題，你就可以自然而然地拿出來，並很快提供正確答案，這也證明你是一個永遠都準備好的人，數字概念也應該很不錯，讓人不錄取也難；而PDA也是可以看得出你是一個願意自我投資的人，更是所向無敵。

另一個很重要的祕密武器就是作品與證照，雖然你已經清楚註明在履歷表上，主考人員也不會檢查，但是，如果有適當的機會藉機拿出來，也會讓人感覺你勢在必得的企圖心。不過，拿的時機要在主考官問到相關問題，才能很自然地拿出作品或證照，不要像是爲了炫耀或展示，因爲企業並不會完全依照證照的多寡來分勝負。

什麼證照最好用？

雖然現在已進入證照時代，但有些人聽到考試就害怕，於是，遲遲未有行動，履歷欄就變得有些空虛，好像你在校園的時間只是虛度，也沒有計劃未來，另外，從你考照的進度時間表，也可以看得出你對生涯的規劃性。

有些基礎證照其實還蠻容易取得的，如理財保險、財產內控或各類丙級證書，而即使還未到達標準的語文證照，也可以看出你是在努力中的人，所以，證照並不能表示你已經是專業，但起碼可以讓人感受你的積極進取。

如果你的行業並不會與證照有絕對關係，也可以把學校或校際獲得獎狀或作品列出或帶到現場，另外，如果有受過其它企業內訓的證明，或自費參加的課程也不錯，最主要

熱門國際級認證

1	微軟MCSE（微軟認證工程師）
2	思科CCNA（Cisco網路工程師認證）
3	Toeic（英文多益認證）
4	ICFA（特許財務分析師）
5	IPMP（專案管理師）

是，如果，你會記錄保存這些經歷，都表示你是一個鑽注重學習進修的人。

另外，因應兩岸金融監理備忘錄的簽署，中國的銀行、保險、證券三大金融機構會開放六張證照給台灣人報考，若想要進入中國金融體系工作，也要先考取來備用。

中國開放可應考證照

1	銀行從業資格
2	個人理財
3	風險管理
4	基金銷售人員
5	證券經紀人
6	保險公估人

7 面試加分術

求職者的穿著、應對到
使用的語彙、聲音、表情，
都可能成為錄取與否的關鍵，
事前多花三小時準備，
就能在面試的前三十秒，
讓主考官對你印象深刻。

以貌取人？絕對是！

根據人力資源公司的研究，**面試時主考官通常在三十秒內，便已經將不順眼的人選給淘汰了**，也就是說，即使你有著一份完美的履歷，但你的外表或打扮卻可能讓人無法交付你這份工作，是誰說可以不要「以貌取人」。

有八成企業主表示，外型確實會有加分的效果，還有二成的企業會給帥哥美女比較高的起薪。屬於「外貌協會」的前三名職缺，依序是業務貿易、客戶服務、行銷企劃。不過，長得吃香，只是第一印象ＯＫ，擔任業務貿易人員還是要有足夠的專業知識，取得客戶的信任成交訂單；客服人員要有熱情、耐心及親和力，也要有能力去說服、讓人接受合理的說明會替代方案等；而行銷企劃更是要有足夠的創意及策劃執行構想，去爭取預算或合作夥伴。

所以，入行前確實要研究一下，想做什麼就要像什麼，如果你連服裝儀容都打理不好，會把工作做得完美嗎？倒是入行後就端看能力，帥哥美女便不再是關鍵因素了。

人要衣裝，氣質要自己給

俗話說：「二十歲之前長相是父母給，二十歲以後的氣質就要自己負責。」還有另一種說法是：「沒有醜女人，只有懶女人。」這一句話，在男性保養市場已大幅成長的二十一世紀，已經是不分男女的通用語了。可見只要從穿著、髮型、化妝、配飾作整體改造，就可以大幅度改變別人對你的印象及營造出你想給人的形象。

不過，面試穿著雖然有標準的穿法，但如果你要表現出強烈的企圖心，就要更用心一些；好比要穿得像那個行業的人或某一個職位的人。另外，你也可以再深入核心一些，穿得很像「那個公司」的人。

有個笑話是關於APPLE和IBM電腦，據傳，兩個公司有一個合作案要開會，雙方都作足了功課，希望會談當天能表現出融入對方企業文化的最高誠意，於是，APPLE

電腦員工套上收藏在衣櫃深處的彆扭西裝，IBM員工則特別脫下筆挺西裝、換上休閒服，結果，雙方人馬一見面，都不禁爲對方的用心相視大笑，也爲會議開啓了輕鬆的氣氛。

所以，從穿著取得認同感，可以取得初見面的好印象，以下將提供面試幾種適當的穿著類型。

男性穿著：

最不會出錯的面試穿著，應該是深色西裝、細條紋襯衫、同條紋色系或暖色系領帶及黑色公事包；因爲深色系代表穩重，細條紋又有一些活力，同色或暖色領帶，讓整體感覺不會太花俏，公事包展現出有定心上班的準備。黑鞋要配黑襪，不要在就座後，讓人看出你的表裡不一，皮鞋也要記得擦亮。男生對於提包向來不太注重，如果是材質挺拔，資料拿出來不會變形的後背包倒也OK，但千萬不要拿一個塑膠提袋或紙袋就想找到金飯碗。

女性穿著：

以往都強調裙裝才是正統的，不過，現在中性人口大增，深色裙褲裝都ＯＫ，搭配粉色襯衫可以在專業中透露出柔性美，頭髮一定要夾或綁起來，展現出俐落，臉上要有粉底妝改變膚色，淡腮紅及口紅可以提神，行政職的可以是粉色系；業務職的要用橘系的明亮色給人活躍性；主管職的要著重眼影的提神。用乳液替代香水，營造女人香的魅力，而不是妖嬈豔麗。提包的部分至少要可以裝Ａ４紙尺寸的提包，拿出來的資料才不會皺巴巴，而款式一定要極簡風，千萬不要金色又流蘇，像要去跑趴。

穿著禁忌

面試時，首重乾淨、整齊，男生最容易忽略的地方就是秀出怒髮衝冠與一雙「灰」鞋。女生一定要避免穿著太薄、緊身、性感的衣服，如果晚上還有約會也是要換裝，千萬不要和主考官說：「不好意思，我晚上還有聚會，所以就穿宴會裝來了。」這樣，顯然在你心中，參加宴會的優先順序高於面試，那你不如專心跑趴。

而如果想要表現自己獨到的品味，選用首飾搭配，最好以一到二樣簡單式樣就好。如有使用香水的習慣，就改用清淡的幽香乳液。絲襪最好以膚色系爲主，也避免穿著太高或太流行的尖鞋，黑色一吋半包鞋是比較安全款。

最好避免穿新的衣服，因爲你不知道它是不是會讓你處於最佳狀態。要穿去面試的衣服、裝扮，一定要先在家裡試穿，除了檢查是否脫線掉扣等小細節外，最重要的是，一定要讓自己是在最舒服的狀態應對，穩重自信就油然而生。

面試要像同業人

在電影《羅薩丹的夜晚》中，黛安蓮恩是一位失婚的女人，不過受好友之託，她得去當一天的民宿女侍，即使只接待一個客人，她還是把頭髮挽起來，綁上圍裙作桌邊服務，被接待的醫生客人也就自然把她當侍者，要求一些餐點的變化，黛安蓮恩也很高興自己角色扮演成功。

所以，你去面試的時候，想要自己看起來像是同行的人，當然要了解一下這個行業的特性，例如：應徵會計或律師等專業，應選深色或圖案簡單的領帶。應徵精品、行銷或廣告的工作，則可換上一些圖案特別、款色新穎的領帶。從事創意的人，要能展現出一些現代感，顏色可以鮮豔些，展現彈性與積極，條紋襯衫也可以改搭時尚的牛仔褲，因爲企業通常希望從事創意行銷工作的人不要太呆板。而至於從事技術面的工程師，企業對服裝的要求並不會太挑惕，只要不是隨便邋蹋就好了；而據統計，淡藍色襯衫配卡其長褲，是一般認定專業工程師的形象。

面試更要像同職人

「心想事成」這句成話也很適合用在求職，因爲多數人平日的穿著，都己經投射在自己想要典雅賢淑或帥氣有型的形象經營，所以，如果你想成爲什麼樣職位的人，也應該穿出那個職位的品質來。

許多新鮮人會嚮往外商或公關公司這一類看起來都是男的俊、女的靚的光鮮亮麗工作，那麼，你便不能不知道，這一類公司是非常重視國際禮節的。深色西裝套裝，長袖、條紋、素色粉系襯衫，是基本的專業形象打扮，要特別注意的是，在國際禮儀裡，穿短袖襯衫如同以內衣見人，男性不要再圖涼快，還穿著內衣趴趴走，這樣很難被重用，而且，一定要打領帶，整個人才會有精神。

至於女性則是深色裙褲裝，這幾乎成了註冊商標，所以，只要進了這一類型的公司，你再也不敢把polo衫及牛仔褲穿進辦公室。不過，如果面試的地方是我們前面所提的餐廳或咖啡廳社交面試，新鮮人可以用前面所提的基本穿著作變化，但是，如果是換職或欲跳槽的人，換穿的質感及剪裁都要能透露出你的個人品味，開場話題也是從生活美學開始，而不會是公事業務，而當主考官覺得你不但穿著像這個公司的人，連社交方式也很有同業風格，已經非常像自己人，屆時主考官可能還暗自竊喜，錄用者將來不需要安排太多的教育訓練，就立即可接手任務。

成功面試十三大祕訣

祕訣一：應答要精確，俐落有重點

美國社會學家梅拉比亞研究，**面試時求職者的臉部表情占了百分之五十五，語氣占了百分之三十八，所用的語彙才占了百分之七，可見三寸不爛之舌絕不是面試時所要表現的。**

不論是一對一、一對多的面試，首先，專注聆聽都是最重要的表現，而回答問題時，盡量避免Yes或No的簡答，也不要是冗長的申論題，最好都有六到八個的句子，至少四十秒以上至二分鐘左右，如果有必要深入論述，一定要取得主考官同意之後再繼續，避免太強勢的要去表現；或者對方出現困惑的表情時，才可以再補充說明。

對於申論性的題型，也是要先作結論，才去申論，因爲這一類題目可能不是對錯的問題，而是要知道你的表達能力，所以，先讓主考官知道你的主張，再依時間從不同角度論述，也避免萬一你的組織力不夠好，主考官不致於會失去耐性。

祕訣二：對鏡練習，不要騷首摸鼻

有些人在台下說起話來滔滔不絕、口若懸河，但是一旦上台，就站得很不稱頭，或騷頭、斜頭想問題，嘟嘴又露出不解的茫然。捲頭髮、搓鼻子，什麼怪裡怪氣的動作都出來，這是因為緊張及不安所產生的調節動作，但是台上的自己卻完全不自知。

當你在和面試官洽談時，也有可能產生類似讓主考官不舒服的狀況而不自知，所以，平常在家一定要對著鏡子練習自問自答。假設面試官問的是：請以「一分鐘介紹自己」，這是當然的基本表達題，不但要順暢、沒有停頓，更不允許有思考的空檔。

再試一題隨機的時事題：「你認為景氣何時會復甦？」像這種連國家領導人也很難回答出來的問題，勢必會讓你無法即時回答，更別說停頓多及面面俱到，這時候就可以看看鏡中的自己有沒有作出調節性的怪動作，讓主考官對你的穩重性產生疑慮，而當能從鏡中看到自己的問題與怪樣才知道如何修改。開口就要知道自己的形象也是和口語表達一樣的自信穩重，贏得認同。

祕訣三：聲音也是表達殺手

除了臉部表情之外，聲音也是影響別人對你印象的重要因素之一。有人說了二、三十年的話，可能都沒有聽過自己的錄音及語調，其實，從精挑細選出來的總機、客服或電話推銷人員的聲音，總會讓人在電話中就接受他們的說服，或買了一些不在計畫中的商品，由此可知聲音的影響力。

另外，廣播節目主持人的聲音與節目一連結起來，就會特別讓人有想像空間，好像主持人是特別針對你心裡所想的而發聲，因而變成忠實聽眾，可見聲音的魅力了。

所以，當你用天生就會說的國語交談時，在別人聽起來，也許是有些鄉村調的國語，這樣可能就會一直和主播或公關失之交臂。而你一直以爲正常的說話速度，在別人聽起來也許會有些壓迫感。所以，試著從錄音的結果去聽聽看自己有沒有台灣國語？語調會不會高低起伏太大？說話的速度會不會造成別人的不舒服與壓力？然後嘗試學習如何修正說話速度，以及變成有魅力的說話語調，讓聲音表情爲你的面試加分，可能的話，邀約三五好友先開一個面試前預習會，就更具臨場感，而且只要上台三次就不會再發抖，五次就不用再看講稿了，這豈不是一舉兩得的聲音表達面試會。

祕訣四：弱點也可強取分

以目前高達百分之四十七的企業要求英文能力的情況來看，英文不好的人，顯然不能忽視這個選項，否則將來的工作機會明顯就會比別人少了一半。

而偏偏英文也不是惡補就可以上場，於是，很多人只好暫時捨棄要求英文能力的企業，其實，如果英文學習是你生涯規劃的一部分，你仍然可以勇敢的去應徵，並據實告知你充實英文的計畫。更積極的是，把你考試的進步成績單帶到面試時備用，表示你正有計畫地要克服不足的能力，更有心機的方式是把你想進這個公司的企圖心，就用英文背起來表達，臨場來一段，這種苦行僧的認眞與感人，也代表你未來進入企業同樣有這樣打不倒的精神，所以，弱點也可以拿來加分喔！

祕訣五：外語流利也要了解異國文化

很多人在求學期間可能對自己將來的生涯規劃不是很清楚，卻都知道英文是國際語言，將來是必備工具，所以也會比較用心在這個科目上。家庭環境還不錯的，可能早就有一套遊留學計畫，所以，在台灣要找到聽、說、讀、寫流利的比比皆是，但是要找到能融入對方語言文化的卻少之又少。

於是，在應徵時或許可以講得一口流利英文，卻不知道不應該去問外國人結婚與否、月薪多少這種私人問題，所表現出來的行爲非常無禮與老土。所以，有計畫要進入外商的人，一定要針對很多禮貌教育性的語言及行爲進行了解，因爲，一開始就爲「自己」這個品牌找到定位，才能謀得要職、進入核心職位。

有些人會從媒體或企管叢書得到一些刻版印象，好比美國人比較民主、法國人比較浪漫、德國人比較服從、日本人比較嚴謹，其實，落實到工作態度上還是有一些落差。

譬如大家常說在美商公司任職，員工可以據理力爭，甚至拍桌甩門，老闆也不會記恨，但這還是牽涉到一個人的情緒管理，主管也許不會記恨，員工卻可能升遷無望。而法國人在職場上，除了很注重員工的工作能力之外，也希望他們要懂得生活，所以，企業很支持員工在生活美學的學習與素養。因爲懂生活的浪漫，不只是享樂而已，也可以爲工作加分。

> 懂生活的浪漫，不只是享樂而已，也可以爲工作加分。

再以日商來說，除了嚴謹，他們更重視培訓員工的長期計畫。一個人進入企業之後，企業主都會把他們當作自己家人般的照顧，老闆也很關心員工的個人感受及工作進度，遇到困難大家會一起協助，訓練出來的員工專業形象都非常好。

不過，由於日本人還是比較信任自己的同胞及講求倫理，所以常常是由地區主管發號施令，本地員工多遵從行事，很少有升官的機會，但是多數公司每年都會調薪。也就是說，你有可能不是高級主管，卻仍然有逐年累加、很有保障的薪資，所以日商也不是傳說中，只有女性才適合任職的企業。

祕訣六：要有基本禮儀，但不必把自己作小

面試者從進入企業大樓就要有接受面試的準備，因爲可能問你「要去哪一樓」的，正是你未來的同事；跑的太慢，被你關在電梯外的碰巧是公司的高階主管，所以，進電梯、上廁所最好都能保持微笑及高警覺度的狀態。

進入企業後，更是要有禮貌且兼具自信地告知接待員你是某某人，不必因爲是來應徵，而太過謙卑，把自己作小了。面試時也保持自然的笑容，一方面讓人感受你已經

可坦然面對壓力，一方面可幫助自己放鬆心情，讓面試的氣氛融洽愉快。

進入面試會場時，要等主考官示意才能坐下，坐的時候最好只坐三分之一，這樣你可以保持很靈敏的狀態，坐定之後，不要翹腳或雙手抱胸，會給人不夠莊重及自信心不足的感覺，女生不要去撥弄頭髮。被安排獨自進入其它主管的辦公室都要先敲門，老式的面試還會安排掃把或紙屑橫擋去路，考驗你有沒有公德心，會不會主動撿起來。有一些主管還會中途離席，觀察你會不會偷看桌上文件、懂不懂得尊重別人隱私。面試結束後，如果主考官有握手致意，也要反應適中的用力，才有誠意。

祕訣七：問過了還是要耐心回答

面試有時就像過關似的，由不同的主考官負責，這時主考官之間並不一定會知道前一位主考官問些什麼，也就是說每一位主考官可能都會問：「你覺得自己最大的優點是什麼？」這時候，還是要耐心回答。由於現在新鮮人說話總是直來直往、不太經過修飾，千萬不要說「剛剛＊＊總監已經問過了。」這顯示你並不是很有耐性。比較委婉的說法是：「好的，我剛剛也有和前面的主考官說明，我個人比較重視時間管理，有時候，因爲……。」

所以，當第二位主考官如果不是故意來刁難的，他可能會先問你，以下要問的問題被問過了沒？否則，就是來磨你的耐性的。

祕訣八：對話用語，要用資方語言

有些用語與對話是慣用語或和熟悉的人之間的對話，例如現在年輕人常常喜歡在對話時回答：「是喔、對ㄉ、哇塞、白目、那傢伙」，不過，面試者通常都是較年長及社會經驗豐富的人，他們不一定會喜歡或接受這些語彙，所以，對答提問措辭也要文雅而有教育性，例如：「請問化妝室（或洗手間）是在樓下嗎？」盡量不要用「廁所」在哪裡？

提問問題盡量要用完整句，不要沒頭沒尾的問，例如：「那你們要去大陸設廠嗎？或你們爲什麼不上市？」一定要是完整句，如「就我的了解，維王公司在上海已有三個門市，我們公司也已計劃前往大陸設廠，請問這會是在兩年內的計畫嗎？」充份表現你早已注意產業動態，並了解前因後果。所以，**進入職場前，還是資方優勢，我們要先學會企業語言與需求模式**，社會新鮮人要提早習慣。

祕訣九：備妥萬用應答題，不知道也有詞

面試時，你也有可能面對既不會寫或聽不太懂的情況，這時要準備好萬用應答題，類似：「對不起，主考官，我不太了解這個問題，但我認爲從事自己喜歡的工作，最需要的是工作熱忱，一旦有熱忱，所有的事都可以克服，雖然我的財務數字觀念還有加強的空間，但我相信會隨著我對這份工作的野心愈來愈成長。」讓主考官相信，你也許能力還不足，但卻作足了功課有備而來的，誠意與野心都有了，這就是在某一個時間

內必須要作的應變，並要極力揚長截短達到目的。

有些主考官很喜歡從過去的你推測未來的你，會問一些像是你最感謝的老師？你大學印象最深的一件事？或你最討厭的人？你人生最苦的一段時間？記憶中最快樂的一件事？你最長的待業期有多久？諸如此類的題目，這些都要事先準備好，不能現場才開始想，最好也不要回答：「沒有。」這樣會讓人覺得你這個人很少思考及檢視自己，引申出去，好像是沒什麼規劃的人。

另外，比較需要注意的是如果像前面所問「你最討厭的人是？」這可不是讓你抒發情緒的地方，回答還是要委婉帶過，例如：「最討厭是沒有，倒是曾和一個同學有過誤會，本想開學後和他說清楚，沒想到他竟出國了；後來透過email有說清楚，等他明年回來，說好了一起喝杯咖啡。」這樣，讓人覺得你不輕意樹敵。

面試可不是讓你抒發情緒的地方，有些回答還是要委婉帶過。

祕訣十：談薪資不尷尬，看年收入不是月薪水

很多人對於面談時「談薪資」這件事，都覺得很難拿捏，因爲會談到這麼關鍵性問題都已經是進入萬中選一的階段，所以，求職者也不希望只因爲自己多要求了二千元而失掉錄取機會，於是，「依公司規定」變成了一個安全性回答。其實，這如果是剛畢業的新鮮人可能ＯＫ，但如果是換職及尋求管理職的求職者，就不是一個好答案，因爲如果想換職，表示你應該希望比原來的工作多一點薪水，而如果是尋求管理職，那麼，應該要懂得掌握主動發聲的發球權。

所以，爲避免說出「依公司規定」這樣缺乏力量的回答，你可以盡量引用別人的資料，好比：「我離開前一份工作時是三萬五千元，而公司每年的調薪比例在百分之十五到二十」。或者是：「二〇四人力銀行公布，今年景氣並未看好，所以，人力資

> 如果是換職及尋求管理職的求職者，「依公司規定」就不是一個好答案。

源基層主管只能維持在年薪六十萬元，不知道我們公司是不是也差不多是這個標準？」

這樣，不論是用了百分比的彈性或者是人力銀行的資料，都給了主考官一些參考資訊，也不會表現出你太執著於沒有彈性的堅持。要注意的是，一家公司的整體發展是以整體福利及年薪來看，大家在了解同行水準時，不要短視於月薪的多寡。

祕訣十一：提問要有深度與重點

面試結束時，主考官通常會問你有沒問題？首先，你一定不能說沒有問題，這是最糟糕的回答，顯示出你個人很缺乏好奇心及投入性。至於提問的問題，也千萬不要問公司是不是準時上下班、三節獎金是多少？這些無關緊要又很計較的問題。

初入行就是要多做多學，有人願意加班教你，這已經是一種福利，比較適合的問題，最好是問企業教育訓練培育計畫，或過去企業的成功案例，讓主考官覺得你很有決心要進入企業，也早已在關注該公司的動態。

至於要爭取主管職缺的人最好是問，企業已在進行的計畫或未來的規畫，讓主考官覺得你已經非常像這個公司的人，心中還已暗地計劃，安排你在適合的職缺上。

祕訣十二：多用「我」，少用「你」

面試對答時，要假設自己已經是公司的一份子，所以，用字措詞要有自家人的感覺，盡量把「你」換成「我」，再把「我」換成「我們」，例如主考官說：「如果我們公司將來人員的任用都必須要全球派遣，你個人傾向前往哪些國家？」你可以這樣回答：「這次前來應徵，就是看重我們公司的全球化規模，個人也希望能增加海外的工作經驗，所以，初期工作計畫並不會設限，不過，我聽說我們公司下一個設廠的計畫是在德國。」回應中除了充份的了解公司的計畫，也把自己變成參與計畫的一份子，而且似乎也很有企圖心要參加海外工作。

祕訣十三：改期OK，早到等同遲到

參加面試時如突然有事，只要打個電話和承辦人改期，並不是很嚴重的事，多數惜才的公司並不會介意你再另約時間，要注意的是，**你事情的急迫性和什麼時候要提出改期是很重要的**，例如：有親人喪假，這是已排好的日子，你如前一天才提出，顯示你是一個缺乏深思熟慮的人。而如果是當天因人力不可抗拒或其它事有可能晚到，也是要在不太有把握的狀況下就要先提出報備，不能在兩點面試，而你前十分鐘才通知徵才企業你會遲到還是改期，這也是表示你這個人凡是過於樂觀，不懂得未雨綢繆。

倘若企業堅持不接受改期，有可能你本來就不是他們心目中的最佳人選，或者這家公司也不是很人性化，你就不必放在心上。倒是應試時，只需要提前十分鐘到達即可，太早到也顯示你時間管理作的不太好。

8 面試達人現身說法

包括十位面試主考官及
擁有多次面試經驗的挑戰者
實戰經驗分享，
讓你知道保送班和穩「當」班的差別，
究竟在哪裡！

主考官篇

➲ 給求職者的一句話：
機會是給準備好的人

彭信澤：知名光電公司人力資源處資深管理師
經歷：Career就業情報徵聘主任三年
公司的核心宗旨：誠信務本

彭信澤如此說：

個人從事人力資源管理師已經六年，一般而言，當人力銀行篩選到適合對象交由我們公司時，人資會先進行筆試；筆試項目是英文聽說讀寫及人格特質分析。接著，會由徵才的部門主管進行面試；需求人才的主管通常比較著重在校成績、專業能力、論文研究專題，確認在學術理論及個人專業上的程度。最後，再由人資依求職者的人格特質進行深入面談；包括驗證履歷自傳的可信度、社團的經驗累積、行爲舉止模式等。另外，是否具有團隊精神？能否保持正面思考？本行的專業是否足夠？如果不是求職者本身的專業，是否能開放心胸去接受不同的專業意見與學習？

多數人以爲台、成、清、交，可能是進科技業的保證班，但其實並非絕對，因爲名校畢業的求職者，可能一路過關斬將相當順利，所以很少經歷挫折，此時，人資的角色反而必須要去確認他們的抗壓性。所以，**求職者在面試時，千萬不要害怕透露自己的挫敗經驗，而如果在面試時，能將挫敗之後的解決方案提出那就更好了**。

另外，過去的刻版印象，工程師似乎只要專注在他的研究，並不太需要和其它團體融合，但其實現在企業對於工程師或研發人員的要求，也不希望他們太單一或單向思考，這表示求職者人際關係有障礙，可能無法和人溝通，如此一來，就沒有辦法融入Team work去產生綜效。

而如果是管理、財務、行政部門的同仁，企業會希望求職者能在溝通應對、人際關係及互助支援的能力上都能有一定的成熟度，所以，會再深入了解求職者的好口才，不是屬於天花亂墜、油條型的，而解決事情的擔當能力是圓融的，而不是犧牲別人利益來成就自己。

我們公司用人以「老實聰明人」為原則，求職者要剛信正直，也要有開放的心胸，需求的的職位只要適才適所，並不需要每個求職者都是博碩士或名校畢業。所以，包裝是求職者必要的化妝術，不過，誠實的揭露有時也可以是加分，最重要是找到對Tone的企業，才不用常常去面試。

➡ 給求職者的一句話：

求職時就要主動追蹤、創造自我價值及多元機會

馮大慧：曾任Senior Associate of Heidrick & Struggles in Taiwan（人力資源公司）

公司的核心宗旨：Building the best leadership teams in the world

馮大慧如此說：

我在人力資源顧問公司有十一年的人才招募經驗，人資最重要的工作是招募、選才、任用、育才、留才，所以爲了要確認及提升人才的適用性，容我務實地告訴大家，對於知名企業招募社會新鮮人或工作年資少於三年的徵才標準，多數還是以優質名校爲第一個關卡的審核標準。

然而，並不是非名校就沒有機會，你可以藉由呈現亮麗的履歷表獲得面試的機會，例如曾經是＊＊比賽的優勝者、＊＊社團的領導者、除了主修之外第二專長是＊＊，或某項工作成就等等。此外，亦可採取更積極的做法，即主動投寄履歷至心儀的公司，以爭取較大的曝光機會，如果你同時擁有堅強實力和鍥而不捨的追蹤精神，極可能破格得到面試的機會。

求職者除了在學校主修的專業科目、電腦技能及語言能力都要兼具之外，獲得錄用之後，**「態度」才是能否出線及被視爲優質員工的關鍵因素**。現在的新鮮人，有創意，工作效率也蠻高的，但責任感的自覺性較低，常常犯了錯誤非但不知道嚴重性，事後亦不認爲有虛心檢討改過的必要，相當地寬以待己。

所以，工作績效與公司的期待有落差，如此一來，很難被列入有必要予以栽培的員工名單。探究原因，如果面對工作只爲謀生而缺少熱忱，自然無法激發出積極主動的工作態度。於是，工作一段時日後，只能原地踏步甚至被競爭的洪流所淹沒。

在這競爭激烈、人人抱緊飯碗的時代，千萬不要掉以輕心。新鮮人在進入職場的第一年，可以被接受嘗試不同性質的工作，藉以了解自己的興趣及潛能，爾後一旦想要專注一個領域去歷練，進而一展長才時，一定要確認你要去應徵的職位所涵蓋的工作內容及賦予你的責任，是你想要且能發揮所長的。

對於有些許工作經驗且有意換工作的人，首先要確認你的工作資歷是不是有三年連續性且性質類似的經驗，而不是工作了三年換了三次截然不同性質的工作。即使是資深的專業經理人所列出的換職經驗，其在一家公司任職亦不宜少於三年，以避免讓人貼上個性不穩定、實力不扎實的標籤。切記「滾石不生苔」，古有明訓也。

一些自認為已經累積足夠經驗且具備傑出能力的求職者，若仍無法如其所願地變換跑道，原因除了運氣外，可能是文化差異。這是一個容易被忽略的因素，人力公司在從事人才與企業的媒合時，除了專業技能外，還會考量到求職者的人格特質，是否和企業的文化相契合，所以求職、換職者一定要對企業文化先進行了解，以尋得一個令你工作愉快、且能一展長才的工作職場。

黃士軍：程曦資訊總經理

給求職者的一句話：培養多元的工作經驗，價值是累積的結果

黃士軍如此說：

在一片失業潮當中，其實還是有少數的紅海在等待求職者，像系統整合的營運主管、客服人員…等，仍有相當多的缺額；公司所需這方面的人才條件不會強調須具有相當的工作經歷或領導能力…等，而是希望求職者具有服務熱忱、高EQ，並懂得自我舒壓；公司也會同等的去創造如家庭般的和諧工作環境，除了保障員工的工作權，更重要的是會讓員工感受到關懷，進而提高員工的穩定性。

我個人在面試主管職缺時，相當重視求職者的組織能力及管理能力，同時會參考中級主管的意見與評價，並尋求驗證，才能避免履歷表列出的資歷和眞正的經驗有所落差，比如，若求職者履歷列出有管理的工作資歷，卻不會看報表，就表示和眞正有經驗有落差。對於主管級的人才需求亦須具備解決問題的能力與多元的工作經驗，若是有在規模較大且不同公司的工作資歷者，其經驗的多元性一定優於數十年都待在同一間公司的人，我們希望借重其多元的工作經驗來提升公司的競爭力。

在職場上，每個人都要能不斷地自我成長，拓展與培養不同的專長與技能，最終才能兼具良好的業務能力與管理能力，爲自己及企業創造不同的可能性。

➡ 給求職者的一句話：
沉潛是爲了更好的將來作準備

陳秀如：和碩聯合科技公司高級管理師（人力資源客服代表）
經歷：國立中正文化中心人力資源專員、華碩電腦公司助理管理師
公司的核心宗旨：快樂工作、幸福生活

陳秀如如此說：

求職者在投遞履歷時，一定要詳讀人力銀行所刊登的職缺訊息，並多加陳述或完整填寫，特別是與工作條件限制相關的欄位內容，包括基本資料、工作經歷、學歷資料、求職條件，因爲人資部門在初審時，快速判斷的重點就是這幾個欄位，符合或接近所刊登職缺的工作條件限制才會往下看自傳，所以，如果工作條件限制爲三年以上的工作經驗，一年或者無經驗的應徵者就會被剔除。

而工作經歷欄位中的工作內容，可以讓人資瞭解你在這份工作中負責過哪些任務或成就，再判斷在這個職缺的合適性。學歷的部分，有些公司會設定特定學校或科系的要求，這部分依格式完整填寫即可。而在求職條件的部分，需特別留意希望職務名稱或類別、希望休假制度、希望薪資待遇及目前工作待遇。

很多應徵者寫下希望職務名稱或類別，和投遞履歷應徵的職務是有落差的。人資會以此判斷應徵者是否對這個職務有高度的興趣，畢竟能在自己有興趣的職務工作是幸福的，如果應徵者寫下希望職務名稱和應徵的職務是一致的，我們可以預測這個應徵者的穩定性是較高的，所以，求職者對於所要任職的職務一定要有清楚的認知。

再來是關於休假制度，如果工作需要假日時輪班，而你在履歷的選擇是希望週休二日，這樣就會被剔除。更常見的問題是希望待遇，有些人力銀行會貼心地提供應徵者薪資行情的查詢功能，讓求職者可以知道比較合理的行情，而不會有過高的期待，也增加參加面談的機率。至於面試時間，等候一至兩週的時間是必須的，求職者要有常識，並勿操之過急。

至於很多人都嚮往進入電子五哥的懷抱，但是不是每個人都適合這個產業呢？對於這一點，我也要給大家一點心理建設。在科技業，加班是常態，晚上九點下班叫準時，超過時間是應該，隔天早上還是要準時出現，如果回不了家也沒什麼大不了，意思就是要長期耐勞耐操。

不過，縱使辛苦指數是一樣的，每家公司還是各有其企業文化，例如：台積電還蠻重視以「志同道合」的精神共創美好未來、華碩的工作夥伴「刻苦耐勞」程度就是業界知名；至於廣達，由於老闆對於文化事業的參與度高，員工都有一些「溫文儒雅」的氣質，做起事來多了一些優雅風範；而鴻海人則和郭董一樣，都要有超高自信度的表現。所以，建議求職者一定要對這個行業的企業文化略作了解，衡量自己和所想要去貢獻的企業是不是相契合，也可以提高就職率，千萬不要擠破頭卻不耐操。

➡ 給求職者的一句話：
態度決定於高度，機會留給有準備的人

黃佳櫻：趨勢科技全球資訊服務部協理

經歷：曾獲飛利浦年度最佳員工獎、台灣甲骨文公司傑出績效獎、趨勢科技全球資訊服務二〇〇八年度公司文化4C+T獎

公司的核心宗旨：可樂、牛仔褲、拖鞋、快樂工作

黃佳櫻如此說：

我們公司是一個「很完全」的全球化公司，全球的分公司包括美國、印度、東京、中國大陸、加拿大、澳洲、紐西蘭、菲律賓…等三十個國家，有時候一個團隊會有超過十個國籍的人一起工作，所以，擁有開闊的胸襟讓自己融入及具有國際觀，是到我們公司任職的人都要吸取的經驗，因此，**我們對於「人」的能力與潛力的要求，是超過於他們的專業技能。**

在能力的部分，目標導向絕對是這個行業所追求的終極目標，所以，求職者在應徵時對於參與過的專案或未來計畫的陳述，一定要具體且有突破性的價值，不是完成上級交辦或按進度完成之類太制式的回答。

其次是領導特質及溝通能力，一個人任職後，可能馬上要和全球各地負責人聯絡，也可能常常有機動性的出差，專案人一定就要了解各地民情風俗及工作習性，以便掌握最新的工作進度及展現最高的工作效率，例如：日本人的上班時間永遠比你早，也永遠比你晚下班；歐美國家的人，明後天要休長假，今天下午就不見了，你要懂得掌握輕重緩急的處理。

還有，中東人回答「好」和「了解」是不一樣的，你要回頭去驗證你們的溝通無誤，結果才不會有落差。所以，我們部門要任用的人可能會經過三、四次的面試，比較特別的是，面試官有可能是會由部屬來參與，面試未來是部門管理職的人，所以，求職者在層層關卡中對上又對下，兩個下午下來，可能會被問到相同的問題，若還能面帶微笑、耐性應答，耐操度應該還不錯。

至於如何提高面試的成功率？我覺得求職者事前一定要充分準備，包括人生中最驕傲的事？最挫敗的經驗？這些問題在回答或陳述時一定要有小自傲或小有失落，毫不猶豫地侃侃而談，千萬不要空洞的告訴主考官，你的成績有多優秀、個性有多積極、想法多有創意，但表達出來的內容卻不具體或空洞，甚至人生沒有挫敗的經驗，這樣就是沒有準備好要去求職的「心態」，而缺乏被磨練的經驗，就不會是很好用的員工。

所以，求職者應該想想，對於這個工作跟公司你可以產生的價值，而非只是你會什麼，**要將你的一切與這個工作的需求巧妙連結，最後在面試時讓人看見你有如在毛遂自薦的熱情，這樣你的高度就出來了**。

挑戰者篇

給求職者的一句話：技術人員的賣力要超過實力，大部分都能順利入榜

Fox Wu：知名科技公司技術支援工程師

經歷：華碩、三星、微星等科技公司技術支援工程師

Fox Wu如此說：

我曾經任職華碩、三星、微星等科技公司，這些公司考試的制度都很正式，從筆試到人力公司的承辦人，再到中高階主管及徵才部門的主管，別人看起來我的運氣好像蠻好的，待過一些大公司，其實，我覺得應徵助理工程師除了筆試之外，就是你在面試時的熱忱度是不是足夠，也就是說，如果你的筆試考得很好，但是在面試時卻回覆：「進修學習計畫應該是公司要規劃的事。」或「我比較沒辦法配合加班。」這樣你應該很快就會被刷掉。

而我推測，當時我之所以能進入這家公司，是因爲這樣的問答：「你認爲你有什麼能力可以待在本公司？」我回答：「我個人認爲是熱情及積極度，而且對任何事情都能保持一顆好奇心，在小的細節更不放過，用熱忱的心把事情做好，把自己當成是客戶，設想客戶所需的答案及問題是什麼？隨時告知客戶目前的狀況，並附檔一份給主管，讓他隨時在狀況內。」

不過，我也曾經在面試時，被主考官一再刁難或一直讓人在很難堪的情況下應答，例如：「你留學卻沒有完成學業，是抗壓性不夠嗎？」「你是專科插大生，你的專業科目基礎應該會有一些問題？」我忍著怒氣還是被刷掉，當時以爲那是面試官的個人風格，不知道那正是要測驗求職者的穩定性，即所謂的「壓迫式面試」。

所以，當你自己以爲沒有動怒，但也許早已被看出在是在壓抑，也表示是我不適合那樣的企業文化，最後，我還是要強調，技術人員要進入大公司眞的不難，即使是你的在校與筆試成績都不是很出色，只要你的賣力超過你的實力，大部分都能順利入榜。

➡ 給求職者的一句話：
有動機就能找到舞台

蔡宛珊：大眾銀行行銷企劃
經歷：台新銀行、中國信託行銷企劃、知名人力銀行

蔡宛珊如此說：

個人主修財務，也一直任職於金融界，曾經有短暫的時間因累積了工作經驗而得以至人力銀行負責金融人才的徵才，所以可以提供想要任職於金融業的求職者，應備的條件及不同企業徵才的特別需求。

由於金融界的工作範疇可以統稱「消費金融」，並概分為信用卡、汽車、房貸、信用貸款，而這個行業在徵才的程序算是慎重的，一般來說，一次的筆試及兩次的面試是基本的，筆試的內容包括有：專業名詞、英文、數學及智力測驗，而比較重視基礎理論的公司，考題範圍幾乎和考研究所一樣，國、英、數之外，統計、會計、經濟三計也是必考科目。而外商銀行除了英文筆（口）試之外，更重視的是面談，所以如果進入面談這個階段，你需要在短時間內展現較強的企圖心。

在企業文化部分，本土銀行注重員工的穩定性、企業的倫理，以及同事之間工作的融洽；外商則比較是菁英主義，如果你很討厭繁文縟節，又自認很擅於單打獨鬥，就很有發揮的空間。如果是非主修及完全沒有經驗的人，想要在這個領域發展，只要你在面試時有不錯的組織力，表達也有重點，也容易進入客服或行銷的職位，之後，再慢慢去累積這方面的專業知識，像現在蠻受歡迎的理專，就不一定都是本科系畢業。

至於人力銀行在篩選這方面的人才，除了專業常識及敏感的數字概念之外，面試時的基本問題一定會有工作的動機、換職的原因，求職者一定要準備好並能流暢的表達。更深入一點，就是驗證求職者在履歷上所列舉的專案參與夠不夠深，以及是否有實作的經驗？這些都是蠻重要的。

另外，人力銀行希望求職者的優缺點都要忠誠表現，所以求職者大可誠實告知面試官自己的短處及如何克服的方法，例如：自己因為沒有耐心或抗壓力較低，所以，每天以半小時的瑜伽訓練自己的持續力，或晚間的打坐冥想去舒壓，千萬不要去掩藏，因爲，是人一定有不足，而除了企業希望找到對的人之外，你也希望找到穩定的職場去發展，大家才不會浪費時間。

金融風暴之後，從事這個行業的人，一定要有更高的危機意識，因爲同儕的競爭更激烈，求職與在職者都要一直充實才能抓住產業脈動，包括：產品趨勢、精準客戶、小眾行銷，而對於自己的時間成本更是要精算，只有付出和結果呈現正比，才會有持續投入工作的熱忱。

➡ 給求職者的一句話：
誠實、誠心、誠意、誠懇，
就會贏得信任

王明馨：YWCA英文課程專案企劃
經歷：科見美語行銷、外商銀行消費金融、英文補教業招生專案
公司的核心宗旨：「學習是一輩子的事」

王明馨如此說：

我第一個正式任職的公司是某外商銀行要來台灣設分公司，當時的職缺是信用卡部的客服人員，這本來是有財經背景的人會比較適任，但由於新銀行求才孔急，所以，門檻比較沒有那麼嚴格，結果十個通過考試的求職者中，有九個沒有財會經歷，分別是來自空姐、廣告AE、哲學、中文系等無相關工作經驗及系所。我當時問了其它的財會背景同學爲什麼不來報考？他們都被英文嚇走，而事實是我擔任客服期間，所用的英文都只是基本招呼語。

至於我目前任職的公司，原是我在進修英文

師資班的教育單位，因爲看見他們要應徵櫃台接待，我想兼個差也可以多練習英文，結果兼差期間，公司因爲看到我的熱忱，又因爲我也是本科系，馬上可以接手課程規劃，而我大學打工時也擔任過英文補教業的招生工作，所以很快就成爲專職人員，而目前我也是英文老師。

所以，求職除了要打破「要完全符合條件」的刻版模式外，我認爲，掌握新行業的趨勢也很重要，例如：英文就是一條還可以繼續長紅的行業。而在等待機會時，學習是最好的計畫，一旦發現機會，除了可以屈就之外，在工作的熱忱被發現時，實力也同時足以貢獻出來。

➡ 給求職者的一句話：
先求廣度再求深度

張瑜娟：中國信託行銷企劃

經歷：汎太廣告公司企劃、友邦、荷蘭銀行行銷企劃

公司的核心宗旨：We are family

張瑜娟如此說：

個人主修廣告，一入行就有機會進入廣告人夢寐以求的廣告公司，當時面試官幾乎都是以聊天的方式問生活的興趣、嗜好等等，其中一個旅遊的經驗就談了一個多小時，事後我也知道廣告這個行業，就是希望求職者要有對生活有熱情，表達時有節奏及深度，而對事情的的看法及角度也都要有自己的獨到之處。

這個工作雖然十分忙碌、時間壓力也很大，但有機會見識到許多企業CEO等名人，以及處理各樣特殊的狀況，工作視野十分寬廣，生活的精彩也全不在預期中，工作壓力很容易被成就感給取代了。

累積了兩年的工作經驗後，我繼續朝品牌經理的生涯規劃轉職，後來順利通過三家銀行的面試，都是因爲我在廣告公司的豐富工作內容及對市場敏銳的熟悉度，比較要去調適的是：銀行業的步驟以「細心、小心」爲優先、金融知識也要夠專業、同步配合的單位多，所以，把步伐慢下來及提案周全性，是我在這個職位上要去學習的。

比較外商及本土銀行最大的不同是，外商非常重視結果的績效比，你企圖心高、有衝勁，一定可以找到發揮的舞台；而本土銀行比較重視整體表現，包括在團體的協調性、和它部門的配合度、績效的品質。

我想個人比較可以分享的應該是跨行業的轉戰，這也正是我強調的，只要你的工作廣度夠，是不是本行主修眞的不是很重要，建議社會新鮮人，剛就業時，盡量從事些比較辛苦的工作，當累積了有廣度的工作能力，跳槽跨行都不是問題，自信就在面試中油然而生，而歷練三個工作機會後，就可以考慮專注在深度上的經營。

➡ 給求職者的一句話：

不要挑工作，就會有工作；

不要推工作，就會有好機會

謝羭薰：當代藝術館活動企劃

經歷：故宮博務館實習員、小學代課老師

公司的核心宗旨：讓更多的人認識當代藝術文化

謝羭薰如此說：

雖然學的是藝術行政，但畢業時就覺得自己還如同一張白紙，好像沒有什麼經歷與資格可以去求職，所以，就到故宮活動組毛遂自薦要當實習員工，當時故宮並沒有這樣編制，而開例讓我不支薪成爲實習員工後，我才有機會累積包括外交、公關、教育等多元的工作經驗。其中收獲最多的是：爲了要讓自己更加融入館內文化及活動創意的表現，實習的期間，還花了蠻多的時間在明清兩朝代的歷史與文物研究，對於藝術的視野頗有幫助，所以，我覺得工作經驗是可以自己創造。

後來，我覺得時機成熟了，準備去找一個正式工作，不過，一開始並不順利，所以，我仍然以兩個月一期爲單位的方式到不同小學去擔任代課老師，由於之前累積了參與工讀生與義工的訓練，和學生的互動還不是問題，倒是在家長會當中，每個愛子心切家長的高要求，常會讓我緊張的拉肚子，也因爲這樣的小壓力，更訓練出我要有臨危不亂的冷靜，及面對不同的人有不同的溝通與表達方式。

而最後到當代藝術館負責展覽組及管理工讀生的工作，這長達七年的期間，我也同時擔任徵才工作。就我的求職經驗及能獲得信任的原因，我認爲是：文化性質的工作主要著重在專業、品格及團隊精神三個部分。除了希望在求職者能有參與研討會、戶外活動及展覽會的經驗外，在團隊精神的部分，則希望每一個人的運作，都要去考量對上、對下、對相關部門之間的關係，所以，獨立及團隊同等重要，這正是合作的綜效。

在工讀生的要求上，我們會希望求職人員的經驗與態度看起來是可靠的、有禮貌的。工作的方式是靈活的，但不要太活潑；是聰明的，但不要太有企圖心。所以，我個人認爲用你的眞性情去求職，碰到伯樂，就不用常常去面試。

面試保送班——一句話就錄取

以下並根據主考官與挑戰者的經驗談整理出一些保送題及出局題，求職者要是臨時抱佛腳，起碼可投其所好，或避掉一些地雷題。

1 問：你能不能加班？

答：我可以天天加班（任職後：其實，平均一週一次。）

2 問：我們公司是八點半上班，你住桃園來得及嗎？

答：目前我每天早上七點已經在你們公司前兩條街上英文課（耐操又有進取心。）

3 問：如果你將會被錄取，最快什麼時候可以上班？

答：依我現在任職公司的規定，要有十五天的交接期，不過，我有和現在的主管報備過，他說，有理想的舞台，他會支持我並給予通融。（未雨綢繆性極高又有彈性的人。）

4

問：我們公司是應徵時薪櫃臺接待人員，你穿西裝會不會太正式？

答：我到企業應徵都是這樣穿，而我認爲接待工作就是公司的門面，不能因爲是時薪工讀就穿得像工讀生。（對工作認知清楚，隨時可上線。）

5

問：這個工作從來沒有女生擔任過，你覺得能勝任嗎？

答：我從小是童子軍也是救國團團青，參加過魔鬼訓練營，我們的訓練就是不能有男女之分。（自我認知清楚。）

6

問：我們公司的要求要有中級英檢的程度，這一點你要怎麼克服？

答：我已經考過兩次多益，每次約進步五十分，預計年底就可以達到標準。（一直是準備中的人。）

7

問：你在上一個公司擔任這麼重要的工作，你老闆怎麼捨得讓你走？

答：他說他也知道，我應該還有更大的舞台可以去發揮。（在老闆的祝福中離開，人際關係圓融。）

8

問：你前公司削價策略很成功，也相當賺錢，你爲什麼要離開？

答：我不想違背自己的原則。（有職業道德的堅持。）

9

問：你從來沒做過銷售工作，這個工作壓力不小喔！

答：我覺得在人生的工作資歷中，若缺少銷售業務經驗，就不算完整。（自願接受磨練。）

10

問：你的薪資要求會不會偏低？

答：美國已故總統甘迺迪說：「不要問國家能給你什麼，而要問你能爲國家作什麼？」我想新人應該也要有這個態度。（以退爲進，結果常常是一舉兩得。）

面試穩「當」班——一句話就出局

1

問：你有沒有看過我們的網站？

答：沒有。（應徵網頁設計。）

2

問：聽說你剛才晚了十五分鐘，怎麼沒有先打電話？

答：我想也不是太久，應該不用吧！（時間觀念差。）

3

問：從事行銷業務工作，你有什麼禁忌？

答：我比較不能配合加班。（這樣真的很難把業務做好。）

4

問：不好意思，面試時間有一點延遲，你要不要先用餐再回來？

答：不要了，你只要告訴我什麼時候可以見到執行長。（懶得和接待人員應對。）

5

問：如果學生不服從，你會用什麼方法？（應考軍校教官。）

答：愛的教育。（是鐵的紀律。）

6

問：我們是應徵門市接待人員，你今天的服裝好像是要參加街舞比賽，你覺得ＯＫ嗎？

答：我覺得ＯＫ啊！（一點也不想配合公司調整。）

7

問：請問今天陪你來面試的是？

答：我媽媽，她覺得現在外面應徵公司陷阱很多，所以陪我來，以防萬一。（還在襁褓中，那就繼續回到溫室吧！）

8

問：那你有經手哪些名人理財？

答：林志玲。（不能透露客戶隱私。）

9

問：如果你再也不會有經濟壓力，你想要做什麼？

答：從來沒想過。（你也太缺乏想像力了。）

10

問：如果將來有外派的機會，你會想去哪個國家？

答：我只想在台灣工作。（可以不必回答那麼直，也顯得缺乏企圖心。）

求職求才管道相關網站

附錄：

就業網站	提供服務	網址
104人力銀行	提供求職求才資訊、人才派遣、專案外包、職場文章、進修規劃等服務。	www.104.com.tw
1111人力銀行	提供線上求才求職資訊、即時職缺通報、職業適性測評、就業諮商服務。	www.1111.com.tw
全國就業e網	提供線上求職求才資料登錄服務。	www.ejob.gov.tw
My job	提供徵才、求職求才、人力資料庫、網路登錄就業工作機會查詢等。	www.myjob.com.tw
臺北市政府勞工局就業服務中心台北人力銀行	提供職缺資訊、求職求才媒合、職場訊息及徵才活動等內容。	www.okwork.gov.tw
udnjob.com人事線上	提供工作、企業找專業人才人力服務。	udnjob.com
汎亞人力銀行	提供求職求才、徵聘及派遣等服務。	www.Pan-Asia.com.tw
Yes 123求職網	提供求職、企業徵才服務。	www.yes123.com.tw

Career就業情報網	提供就業情報、企業徵才訊息及職涯職場趨勢。	www.career.com.tw
eCareer職場情報	提供求職、求才資訊。	www.ecareer.com.tw
Manpower萬寶華人力銀行	正職、中高階、短期、臨時、契約等人才招募服務；人才派遣、委外、試用、薪資等管理服務；跨區域招募、通路行銷、物流作業管理等專案服務。	www.manpower.com.tw
精英人力資源股份有限公司	提供大中華區包括台灣和中國大陸之高階人才仲介與人才派遣、Payroll Service、Outplacement等人力資源專業服務公司。	www.jobnet.com.tw
CJob人力網〈原：傳播人人力銀行〉	提供新聞、出版、影視、廣告、公關、設計等傳播相關人力資源。	www.comcareer.com.tw
104小美工作家打工兼差地圖	點選學校附近所在地，隨時查閱機會。	www.minijob.com.tw/html/event/partTime/index.htm

開始面試就錄取

So Easy 503

作　　者　楊惠卿

總 編 輯　張芳玲
書系主編　李雅鈴
特約編輯　李惠琳
封面設計　陳淑瑩
內頁設計　陳淑瑩

TEL：(02)2836-0755　FAX：(02)2831-8057
E-mail：taiya@morningstar.com.tw
郵政信箱：台北市郵政53-1291號信箱
太雅部落格：http://taiya.morningstar.com.tw

發 行 所　太雅出版有限公司
　　　　　行政院新聞局局版台業字第五○○四號

承　　製　知己圖書股份有限公司　台中市407工業區30路1號
　　　　　TEL：(04)2358-1803

總 經 銷　知己圖書股份有限公司
　　　　　台北公司 台北市羅斯福路二段95號4樓之3
　　　　　TEL：(02)2367-2044　FAX：(02)2363-5741
　　　　　台中公司 台中市工業區30路1號
　　　　　TEL：(04)2359-5819　FAX：(04)2359-5493
　　　　　郵政劃撥 15060393
　　　　　戶　名 知己圖書股份有限公司

廣告刊登　太雅廣告部
　　　　　TEL：(02)2836-0755　E-mial：taiya@morningstar.com.tw

初　　版　西元2009年9月1日
定　　價　250元
(本書如有破損或缺頁，請寄回本公司發行部更換；或撥讀者服務部專線04-2359-5819)

ISBN 978-986-6629-49-5
Published by TAIYA Publishing Co.,Ltd.
Printed in Taiwan

國家圖書館出版品預行編目資料

開始面試就錄取 / 楊惠卿作--初版.--
台北市太雅, 2009.09
面；公分. --（生活技能；503）（So Easy；503）

ISBN 978-986-6629-49-5（平裝）

1.就業 2.面試

542.77　　　98012648

掌握最新的生活情報，請加入太雅生活館「生活技能俱樂部」

很高興您選擇了太雅生活館(出版社)的「生活技能」系列，陪伴您一起享受生活樂趣。只要將以下資料填妥回覆，您就是「生活技能俱樂部」的會員，將能收到最新出版的電子報訊息。

這次購買的書名是：生活技能／開始面試就錄取 (So Easy 503)

1.姓名：________ 性別：□男 □女

2.出生：民國 ____ 年 ____ 月 ____ 日

3.您的電話：________ E-mail：________

地址：郵遞區號□□□ ________

4.您的職業類別是：□製造業 □家庭主婦 □金融業 □傳播業 □商業 □自由業 □服務業 □教師 □軍人 □公務員 □學生 □其他

5.每個月的收入：□18,000以下 □18,000~22,000 □22,000~26,000 □26,000~30,000 □30,000~40,000 □40,000~60,000 □60,000以上

6.您是如何知道這本書的出版？□ ________ 報紙的報導 □ ________ 報紙的出版廣告 □ ________ 雜誌 □ ________ 廣播節目 □ ________ 網站 □書展 □逛書店時無意中看到的 □朋友介紹 □太雅生活館的其他出版品上

7.讓您決定購買這本書的最主要理由是？ □封面看起來很有質感 □內容清楚，資料實用 □題材剛好適合 □價格可以接受 □資訊夠豐富 □內頁精緻 □知識容易吸收 □其他

____

8.您會建議本書哪個部份，一定要再改進才可以更好？為什麼？

____

9.您是否已經開始照著這本書準備留學？使用這本書的心得是？有哪些建議？

____

10.您平常最常看什麼類型的書？□檢索導覽式的旅遊工具書 □心情筆記式旅行書 □食譜 □美食名店導覽 □美容時尚 □其他類型的生活資訊 □兩性關係及愛情 □其他 ________

11.您計畫中，未來想要學習的嗜好、技能是？ 1. ________ 2. ________

3. ________ 4. ________ 5. ________

12.您平常隔多久會去逛書店？ □每星期 □每個月 □不定期隨興去 ________

13.您固定會去哪類型的地方買書？ □ ________ 連鎖書店 □ ________ 傳統書店

□ ________ 便利超商 □ ________ 網路書店 □其他 ________

14.哪些類別、哪些形式、哪些主題的書是您一直有需要，但是一直都找不到的？

____

15.您曾經買過太雅其他哪些書籍嗎？ ________

填表日期： ____ 年 ____ 月 ____ 日